不当韭菜，一眼看穿财报陷阱

（日）矢部谦介◎著
梁京◎译

揭秘企业黑字破产的秘密
识别『危险财务报表』的技术

财务造假VS会计思考力

- ☑ P/L的销售额·利润过高计入
- ☑ 营业CF虚增
- ☑ B/S的纯资产虚增

⬇

这是财务造假

- ☑ 存货异常增加
- ☑ 销售债权无法收回
- ☑ 无谋的投资

⬇

出现资金短缺

SPM 南方传媒 | 广东经济出版社
·广州·

图书在版编目（CIP）数据

不当韭菜，一眼看穿财报陷阱／（日）矢部谦介著；梁京译. —广州：广东经济出版社，2023. 5
ISBN 978－7－5454－8657－5

Ⅰ. ①不…　Ⅱ. ①矢…　②梁…　Ⅲ. ①会计报表—基本知识　Ⅳ. ①F231. 5

中国版本图书馆CIP数据核字（2022）第251087号

版权登记号：19－2021－246

责任编辑：陈念庄　李　璐
责任技编：陆俊帆
封面设计：李桢涛

不当韭菜，一眼看穿财报陷阱
BUDANG JIUCAI：YIYAN KANCHUAN CAIBAO XIANJING
出版发行：广东经济出版社（广州市水荫路11号11～12楼）
印　　刷：珠海市国彩印刷有限公司
（珠海市金湾区红旗镇永安一路国彩工业园）

开　　本：880mm×1230mm　1/32　　**印　　张：**7. 75
版　　次：2023年5月第1版　　**印　　次：**2023年5月第1次
书　　号：ISBN 978－7－5454－8657－5　　**字　　数：**200千字
定　　价：55. 00元

发行电话：（020）87393830　　编辑邮箱：Joycechen17@126. com
广东经济出版社常年法律顾问：胡志海律师　　法务电话：（020）37603025
如发现印装质量问题，请与本社联系，本社负责调换。

前　言

不当会计行为和财务造假的区别是什么？

近年来，企业不当会计行为频发，仅自 2017 年以来，富士胶片公司株式会社、船井电机、黑铁工作室、MTG、NAIGAI 株式会社等，都因不当会计行为向日本证券交易所提交过整改报告。另外，东芝、奥林巴斯和佳丽宝等大型企业的大规模财务造假行为已成为社会问题。

下一页中的图记录了 2008 年至 2019 年上市公司不当会计行为的数量，从中可以看出，上市公司不当会计行为数量呈上升趋势，且 2019 年刷新了 2016 年的纪录，达到 73 起。尽管自 2015 年东芝财务造假事件以后，政府加大了监管力度，但存在不当会计行为的企业数量仍不见减少。

而且，存在这一行为的全部都是有审计法人进行审计的上市公司。若是连这类大型企业都存在不当会计行为，那么可想而知，在没有审计法人进行会计审计的中小企业中，不当会计行为自然会更多。

那么，究竟什么才是不当会计行为？不当会计行为大致可以分为两类："过失"造成的不当会计行为和"蓄意"造成的不当会计行为。

前者是由过失引起的会计处理上的失误、错误，后者是蓄意制造所谓的"会计丑闻"。这些会计丑闻以提高销售额和牟取利益为目的，可分为财务造假行为和以私吞、侵占为目的的行为。

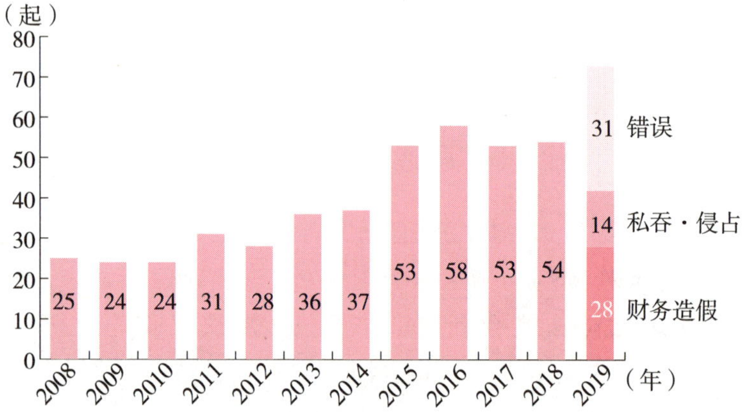

上市公司不当会计行为的公示数量变化

资料来源：源自东京商工调查公司“2019 年全部上市公司‘企业不当会计·经营行为公示’调查”，由作者整理制作。

上图中，在 2019 年公示的不当会计行为中，31 起（42.5%）为会计处理上的错误，14 起（19.2%）为私吞、侵占事件，28 起（38.3%）为财务造假事件。从这些数据中可以看出，不当会计行为中占比最多的是财务造假。

在存在财务造假行为的企业中，也有随后经营失败的案例。除了审计法人，在进行客户调查，参与股份投资和信贷交易的过程中，如果无法识别财务造假，将会是非常致命的问题。

“黑字破产”是指什么?

“黑字破产”是企业破产的一种形式，指尽管利润表（P/L）上显示黑字（有利润），但企业依旧破产的情况。为了维持企业持续经营，资金周转极为重要。如果利润表上显示黑字（有利润），但企业资金不足，无法支付应付款项（这种状态被称为“资金短缺”），那么最终仍会破产。东京商工调查公司的调查结果显示，2018 年倒闭的企业中，近半数都是黑字破产。

在这种情况下，无论如何解读利润表，都无法看出破产的前兆。然而，如果未能察觉客户和投资者的破产前兆，我们就会在商业和投资活动中蒙受巨大损失。因此，识别黑字破产非常重要。

如何识别财务造假和黑字破产的信号？

如何才能识别财务造假和黑字破产的信号？

这是本书最大的主题之一。而识别财务造假和黑字破产的依据是企业的财务报表。

财务造假的目的大多是美化利润表，通过夸大销售额和利润，欺瞒股票市场和金融机构。另外，黑字破产是指尽管利润表上显示的经营业绩很好，企业依旧破产的情况。因此，仅依靠利润表无法识别财务造假和黑字破产。

想要识别财务造假和黑字破产，不能只看利润表，还需最大限度地利用资产负债表（B/S）和现金流量表。在不同的场合，根据从业人数的变化，需参考财务报表附带的公开数据。

对于需要从外部解读企业状况的投资者、金融机构和客户来说，这种利用财务报表的数据识别财务造假和黑字破产的方法是必需的。投资者、金融机构和客户如果没有识别出财务造假和黑字破产的信号，就会蒙受巨大损失。本书中详细说明了如何才能避免错过这一信号。

这种情况下，企业内部会发生什么？

我们在识别财务造假和黑字破产时，能够使用的数据基本

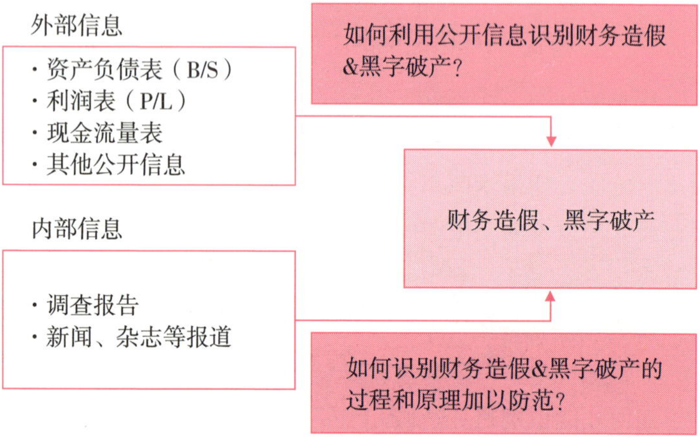

识别财务造假 & 黑字破产的 2 种方法

上都是外部公开的信息。另外，弄明白“为什么会存在财务造假行为”“黑字破产到底是怎么样的过程”等企业内部的事情非常重要。

这是为什么呢？因为明白这些过程，就能在思考如何防范财务造假和黑字破产的过程中受益匪浅。

这些知识对于参与企业经营的经理和经营者，以及想要成为企业经营者的人们来说是必不可少的。

但是，由于财务造假和黑字破产的过程中有关的信息都是内部信息，通常不在报表中出现。因此，本书以第三方委员会的调查报告和新闻报道为基础，尽可能地明确这些信息。

如上图所示，本书对于“如何通过外部信息识别财务造假和黑字破产的信号”“如何利用内部信息明确财务造假和黑字破产的原理”，以及“如何防范于未然”“发生后该如何应对”等问题进行了说明。

如何解读经营改革的成果？

并非所有陷入经营危机的企业都会走向财务造假的道路。即使经营陷入危机也没有财务造假或宣告破产，而是通过经营改革完成逆转的案例不在少数。

企业业绩下滑，面临经营危机时，不应将宝贵的经营资源浪费在财务造假上，而应该从根本上全力进行经营改革。

因此，本书以经营改革成功的企业为焦点，力求寻找不依靠财务造假实现业绩逆袭的方法。

本书的构成

本书共有 6 个章节，主要讲述了如何识别财务造假、黑字破产的信号，财务造假的过程和防范方法以及不依靠财务造假而通过经营改革提高业绩的方法。

第 1 章通过财务造假和黑字破产的案例，对“财务报表是如何被‘扭曲’的”进行了说明。优秀的经营者和管理者有一个共同点，就是在解读财务报表的时候，能够通过直觉发现“哪里不对劲”。但是，想要让这种直觉发挥作用，需要一些诀窍（要点）。在本章中，我将对其中的要点进行说明。

第 2 章主要介绍了如何解读对识别财务造假和黑字破产来说最为重要的现金流量表，以及如何通过分析周转期发现异常。多数发生财务造假或黑字破产的企业拥有独特的现金流量模式。另外，这类企业的周转期指标也有很多特点。在本章中，我将对这些模式进行说明，并通过财务造假和黑字破产的实际案例，阐述现金流量表和周转期分析的使用方法。

第 3 章的主要内容是黑字破产。黑字破产的模式大致可以分为三类，本章将逐一举例说明，并对“为什么会发生黑字破产”“如何避免黑字破产”等问题进行说明。

第 4 章介绍了识别财务造假的手段。财务造假也有很多种模式，在这一章中，我将针对每种模式分别选取实际案例，说明从哪些数据中可以看出财务造假。

第 5 章列举了各类存在财务造假行为的企业的调查报告和各类报道，明确了“企业内部发生了什么”，以及这些企业“后来的结局”。在此基础上，本章还会对“如何避免财务造假，做到防患于未然”，以及“如何应对已经存在的财务造假行为”进行说明。

第 6 章列举了经营不善的企业通过经营改革完成业绩逆袭的实例，并对“企业为什么能够‘死而复生’”进行了说明。

另外，本书在各章节的最后附上了“会计思考笔记”专栏，记述了在思考与各章主题相关的话题时应该注意哪些地方。

那么，为了识别财务造假和黑字破产的信号，我们就从解读财务报表的方法开始吧！

目　录

第 3 章　为什么会发生黑字破产

第1章

识别财务报表的异常

——B/S和现金流量表中出现的异常

如何识别财务造假和黑字破产

识别财务造假和黑字破产的必备能力

识别财务造假和黑字破产需要具备哪些能力？我们有时会看到“大型企业的审计法人未能识破财务造假”的新闻报道，因此，有些人觉得要想识别财务造假和黑字破产，必须掌握会计和财务报表的专业知识。

确实，识别财务造假和黑字破产要具备一定的会计和财务报表的知识。在具备了一定的知识后，试着分析财务造假和黑字破产的案例，就能发现存在财务造假行为和发生黑字破产的企业的财务报表中不自然的变化。而且，这种不自然的变化具有固定的模式，通过解读这些模式，就能识别财务造假和黑字破产的前兆。

当然，财务造假中有很多精心的设计，想要完全识破这种策略非常困难。但事实上，并非所有财务造假都很复杂，有些财务造假原理简单，只是容易被忽视。

另外，黑字破产也是一样的。在多数情况下，只要充分分析财务报表，就能发现黑字破产。

本书中列举了众多财务造假和黑字破产的分析案例，同时说明了解读相关数字的关键（诀窍）。

直观感受“这些数字似乎有些不对劲”的能力

在解读财务造假和黑字破产时，除了会计和财务报表的知识，更重要的是直观感受“这些数字似乎有些不对劲”的能力。只要具备了这种能力，即使不是会计或财务报表的专家，也能发现财务报表的可疑之处。

作为咨询师，笔者接触过很多优秀的经营者和管理者，他们都具备这种直观读懂数字的能力。那么，为什么这些经营者和管理者能够直观地读懂数字呢？

他们未必都是经营管理和财务领域的专业人士，其中大多是业务出身或技术出身。但是，他们在实际的经营管理中积累了众多有关会计数字和商务现场的经验，这些经验让他们在看到相关会计数字时能够直观地感受到“似乎有些奇怪”。

通过数字推测实际情况

我们来看以下这个案例。

假设你在母公司负责集团子公司的管理工作。有一次，集团内的子公司 A 递交了融资委托。企业规模急速扩大，为了积极进行业务投资，需要大量资金。

从子公司 A 的利润表（P/L）来看，销售额和利润稳健增长，在这一点上看，业绩似乎没有问题。

但是，从记录现金收支情况的现金流量表来看，显示业务活动现金收支情况的营业现金流量（营业 CF）在最近几年出现持续的负增长，且幅度逐年增加。另外，资产负债表（B/S）显示，赊销账款和存货远远超过了销售额的增长幅度。

在这个案例中，有几个“奇怪”的点。首先，尽管销售额和利润稳健增长，但营业 CF 的负增长幅度却在持续扩大。

即使短期内营业 CF 出现负增长，只要企业业绩良好，营业 CF 也应该会在某处转为正增长。

此外，B/S 上的赊销账款和存货远远超过了销售额的增长幅度，这也是值得注意的问题。如果能够顺利清理存货，收回销售货款，就不会出现这种情况。

从这两点来看，难免会产生怀疑："这家子公司或许是在虚构销售额，进行财务造假。"

这个案例虽然是虚构的，但实际上子公司存在财务造假行为的案例并不少见。

即使将近年来发生的案例集中在一起，MTG、星岐电机、富士胶片株式会社等企业子公司内部的不当会计处理问题也十分明显。说不定什么时候，你所在的企业也会发生这样的事情。

要想从财务报表中发现财务造假和黑字破产的征兆，最重要的是不能只粗略地浏览数据，而是要从企业的数字中推测实际发生的事情。

从刚刚的案例来讲，虽然销售额和利润都在稳健增长，但营业 CF 负增长的幅度越来越大，且赊销账款和存货还超销售额增长，如果能够推测出实际情况是赊销账款和存货在不断累积，就能够注意到"哪里不对劲"。

这种通过企业给出的数字推测实际情况的能力，对于解读发生财务造假和黑字破产的企业的财务报表来说极其重要。

存在财务造假行为的企业的财务报表

FOI 的案例

那么，实际进行了财务造假的企业的财务报表又是怎样的呢？（除特别说明外，本书中出现的财务数据均为当时有价证券报告书中的公开信息。）接下来将要介绍的案例来自半导体制造装置的生产商 FOI。FOI 于 2009 年 11 月在东京证券交易所玛札兹（Mothers）上市后，因虚构销售额，于上市半年后的 2010 年 5 月受到证券交易监督委员会的强制调查。后来该公司破产，社长和董事因违反《金融商品交易法》被逮捕，并被判有罪。

那么，我们利用 FOI 的财务报表来看看“如何识破财务造假”，以及“企业内部发生了什么”。

表 1－1　FOI 的主要业绩数据

单位：百万日元

3 月决算期	2005 年	2006 年	2007 年	2008 年	2009 年
销售额	3139	4825	7054	9497	11856
经常利润	83	776	1129	1297	2016
当期净利润	－2	519	697	807	530
营业 CF				－3996	－3551
投资 CF				－59	－92

（续表）

3月决算期	2005年	2006年	2007年	2008年	2009年
财务CF				1631	4869
FCF（=营业CF+投资CF）				-4054	-3642

注：2007年3月决算期以前为独立决算，2008年3月决算期以后为合并决算。

FOI的主要业绩数据

表1-1为2005年3月至2009年3月的5个决算期内FOI的主要业绩数据汇总（FOI的财务数据为上市期间新股发行及股票发行说明书中的公开数据）。

从表1-1中可以看出，2005年3月决算期的销售额为31.39亿日元，而2009年3月决算期的销售额猛增至118.56亿日元。

另外，同期的经常利润从8300万日元增加到20.16亿日元，当期净利润（当期净亏损）从-200万日元增加到5.3亿日元。

根据利润表（以下简称P/L）上的数据，FOI的销售额和利润都在稳步增长，业绩看似没有问题。

那么，现金流量的数据又是如何？

表示从业务运营获取现金流量的“经营活动产生的现金流量”（以下称为营业CF）显示，2008年3月决算期亏损39.96亿日元，2009年3月决算期亏损35.51亿日元，连续两年亏损。

另外，“投资活动产生的现金流量”（以下称为投资CF）连续两年出现赤字，因此，表示营业CF和投资CF合计的

“自由现金流量”（以下称为 FCF）也显示赤字。

其结果导致 FOI 的现金流量持续不足，需要通过财务活动产生的现金流量（以下称为财务 CF）来填补。虽然本书中没有详细记录，但合并现金流量表显示，FOI 在 2008 年 3 月决算期和 2009 年 3 月决算期的两个决算期内通过长期借款和发行股票等方式筹措资金。通过 IPO（股票上市）解决现金不足的问题，可以说是促使 FOI 上市的主要原因之一。

根据以上主要业绩数据，P/L 上的 FOI 业绩良好，可以说是一家优秀的成长型企业，但从现金流量表的数据可以看出，该企业资金周转相当困难。P/L 上的业绩（盈亏）和现金流量的关系才是在辨别财务造假时发现“哪里不对劲”的关键。

通过财务造假，美化 P/L，可以让盈亏的数字看起来很漂亮，但现金流量却能反映出 FOI 的真实情况。

与盈亏相比，现金流量具有难以粉饰的特点，这一点我将在第 2 章中详细说明。因此，像 FOI 这样存在财务造假的情况下，从 P/L 上的盈亏中看到的企业情况和从现金流量中看到的企业情况之间存在差异，这种差异情况值得注意。

FOI 的现金流量表

关于 FOI 的现金流量，我将从营业 CF 的角度进行更加详细的说明。FOI 合并现金流量表中营业 CF 部分的摘要如表 1－2，从表中可以更加直观地看清 FOI 的处境。另外，本书对财务报表中各科目（现金流量、资产、负债、费用等）的合计金额进行了加粗。

FOI 的营业 CF 是利用间接法（间接法将在第 2 章中详细说明）制作而成的，以 P/L 的纳税调整前的当期净利润为基点，通过调整各种项目计算而成。

表 1－2　FOI 的合并现金流量表摘要（营业 CF）

单位：百万日元

科目	2008 年 3 月决算期	2009 年 3 月决算期
营业活动产生的现金流量		
纳税调整前的当期净利润	1323	1437
折旧费	167	112
……	……	……
销售债权的增减（负数为增加）	－4783	－4686
存货的增减（负数为增加）	－795	－745
应付账款的增减（负数为减少）	108	－61
其他	715	236
小计	**－2951**	**－2768**
利息及红利收入	4	3
利息支出	－221	－329
法人税等支出	－828	－457
营业活动产生的现金流量	**－3996**	**－3551**

在 FOI 的调整项目中，最明显的是销售债权和存货的大幅增加（表中粗框内的部分，用巨大的负数金额表示“销售债权的增减”和“存货的增减”）。

FOI 所做的粉饰是虚构销售额。既然虚构了销售额，就不能结算销售货款，结果导致销售债权积压、堆积。

另外，用存货替换部分销售债权，从而虚增存货，而虚减销售成本，所以不少财务造假企业的存货数字都过大。（关于这方面的原理将在第 4 章中详细解释）

FOI 也存在虚构销售额，粉饰 P/L 的行为，但由于无法回收销售货款，营业 CF 出现大额赤字。

FOI 的资产负债表

接着来看 FOI 的资产负债表（以下称为 B/S）。表 1－3 摘录了 FOI 合并 B/S 的资产部分。

表 1－3　FOI 的合并资产负债表摘要（资产部分）

单位：百万日元

科目	2008 年 3 月决算期	2009 年 3 月决算期
（资产部分）		
流动资产	**22438**	**28833**
现金存款	1360	2662
赊销账款	18212	22896
在制品	2581	3326
其他	285	－51
固定资产	**458**	**345**
有形固定资产	**308**	**221**
房屋及建筑物	55	50
机械装置·运输工具	230	146
其他	22	25
无形固定资产	17	13
投资及其他资产	133	111
资产合计	**22896**	**29178**

在解读现金流量表时已经说过，FOI 虚构销售额，导致销

售债权和存货积压。

实际上，表1－3中2009年3月决算期的B/S显示，赊销账款为228.96亿日元，在制品为33.26亿日元（参照表中粗框内的部分）。

该赊销账款相当于同期销售额的近2倍。详细情况将在第2章中进行说明，但这个数字意味着回收赊销账款需要近两年的时间。通常，BTB企业回收赊销账款需要2～3个月，因此可以断定FOI的赊销账款出现了异常。

FOI内部发生了什么

那么，在这期间FOI都发生了些什么呢？据2010年6月10日的《日本经济新闻》报道，多名高管曾供述："实际上，2009年3月决算期的销售额只有3亿日元。"

如前所述，2009年3月决算期的P/L上销售额为118.56亿日元，如果该供述真实有效，那么其中约115亿日元是虚增的销售额。这意味着约97%的销售额是虚报的。

另外，据该报道称，2009年3月决算期实际销售的半导体制造设备只有几台，其余的三十多台（虚报的销售额）都藏在东京都的仓库内，以存货代替"出售"。

此外，将虚报销售额中部分赊销账款的交易方设定为实际存在的海外半导体厂商，但双方是否有交易往来却又难以确认，似乎也是为了避免被发现。该公司的破产管理人指出："FOI伪造业绩数据是为了向风险投资公司说明业绩。"

FOI进行财务造假的目的也许是欺瞒风险投资企业和股票投资者，筹集资金维持企业运营。这种粉饰行为的结果是P/L被伪造得十分漂亮，但是这种扭曲会清楚地显示在现金流量表和B/S上。

发生黑字破产的企业的财务报表

森元公司的案例

接下来，我们来看看不动产企业森元公司黑字破产的案例。

2008 年 2 月，森元公司在东证二部上市，随后因资金周转困难，在上市仅 9 个月后于 2008 年 11 月 28 日申请适用《民事再生法》。审计法人未在 2009 年 3 月决算期的第二季度报告书中表明审计意见，也是由于这个原因（审计法人未表明财务报表是否能够正确地显示出企业的财务状况）（《日本经济新闻》2008 年 11 月 29 日）。

另外，申请适用《民事再生法》后，根据森元公司的说法，资金周转困难的原因是 2008 年以后不动产市场萧条导致销售库存膨胀。

那么，我就从森元公司的财务报表开始解读如何识别黑字破产的前兆。

表 1－4　森元公司的主要业绩数据（合并）

单位：百万日元

3 月决算期	2006 年	2007 年	2008 年
销售额	77959	95607	117637
经常利润	7458	10921	18337

（续表）

3月决算期	2006年	2007年	2008年
当期净利润	3940	6077	9852
营业 CF	-29632	-36875	-16118
投资 CF	-3822	-351	191
财务 CF	36969	33538	19285
FCF（=营业 CF+投资 CF）	-33454	-37226	-15927

森元公司的主要业绩数据

表1-4汇总了2006年3月决算期到2008年3月决算期，即2008年11月申请适用《民事再生法》之前3个年度的盈亏和现金流量数据。

首先来看损益数据。销售额从2006年3月决算期的779.59亿日元增加到2008年3月决算期的1176.37亿日元。

另外，同期的经常利润和当期净利润均大幅增加，经常利润从74.58亿日元增加到183.37亿日元，当期净利润从39.40亿日元增加到98.52亿日元。

仅从森元公司的盈亏数据来看，销售额和利润均大幅增长，看不出有什么问题。

接下来，我们来确认一下现金流量的数据。

2006年3月决算期的营业CF为-296.32亿日元，2007年3月决算期为-368.75亿日元，2008年3月决算期为-161.18亿日元，均出现了巨额的赤字。营业CF和投资CF合计的FCF也是如此，连续三年为负。

为了弥补这些现金流量中的赤字，财务CF成为一大助力。业务活动造成资金不足，需要通过借贷等方式来填补。

从森元公司的主要业绩数据来看，盈亏和现金流量之间存在很大的差值。从盈亏数据来看，森元公司是一家增收增益、业绩良好的成长型企业，但从现金流量数据来看，森元公司则是典型的资金周转困难的企业。这就是感觉“哪里不对劲”的关键。

那么，森元公司的经营究竟是哪里出了问题呢？关于这一点，可以在现金流量表和 B/S（资产负债表）的数据中寻找答案。

森元公司的现金流量表

表 1－5 中摘录了森元公司合并现金流量表的营业 CF 部分。

表 1－5 森元公司的合并现金流量表摘要（营业 CF）

单位：百万日元

科目	2007 年 3 月决算期	2008 年 3 月决算期
营业活动产生的现金流量		
纳税调整前的当期净利润	11070	18069
折旧费	155	148
……	……	……
销售债权的增减（负数为增加）	140	－12
预收款的增减额（负数为减少）	－226	2072
存货的增减（负数为增加）	－49494	－29671
应付账款的增减（负数为减少）	4710	－75

（续表）

科目	2007 年 3 月决算期	2008 年 3 月决算期
预付款的增减（负数为增加）	-1317	1227
……	……	……
其他	—	-388
小计	**-31685**	**-8750**
利息及红利收入	205	160
……	……	……
利息支出	-2312	-3641
法人税等支出	-3629	-7618
营业活动产生的现金流量	**-36875**	**-16118**

在营业 CF 中，纳税调整前的当期净利润显示黑字，这与刚才的盈亏数据一致。

值得注意的是表中粗框内的部分。调整盈亏和现金流量之间差值的项目中，金额最大的是“存货的增减”。

从表 1-5 中可以看出，2007 年 3 月决算期的存货增加了 494.94 亿日元，2008 年 3 月决算期的存货增加了 296.71 亿日元。表中显示，存货增加则现金减少（现金流量为负数）。这是为什么呢？因为购入存货（森元的销售用不动产）必须消耗现金。这与该公司的解释相符，即由于不动产市场萧条导致销售用不动产的库存增加，资金周转变得困难。

但是，从表 1-4 的营业 CF 的变化来看，销售用不动产和在建不动产（存货）是从 2006 年 3 月决算期开始大幅增加的。因此，如该企业所讲，进入 2008 年后不动产市场萧条导致破产的说法似乎有些牵强。

森元公司的 B/S

我们再来看一下森元公司的 B/S。表 1－6 中摘录了森元公司合并 B/S 的资产部分。

从该表中可以看出，流动资产中“销售用不动产”和“在建不动产”的金额非常大（表中用粗框框住的部分），这相当于一般公司的存货（库存）科目。

截至 2008 年 3 月决算期，销售用不动产和在建不动产的合计金额达到 1939.08 亿日元。同一时期森元公司的销售额为 1176.37 亿日元，因此存货的资金金额约为销售额的 1.65 倍。

表 1－6　森元公司的合并 B/S 摘要（资产部分）

单位：百万日元

科目	2007 年 3 月决算期	2008 年 3 月决算期
（资产部分）		
流动资产	**184899**	**217455**
现金存款	15575	18782
营业应收账款	163	175
销售用不动产	15505	42033
在建不动产	148733	151875
预付款	2346	1119
其他	2577	3470
固定资产	**12296**	**11180**

（续表）

科目	2007 年 3 月决算期	2008 年 3 月决算期
有形固定资产	**5179**	**5110**
房屋及建筑物	1546	1510
机械装置・运输工具	14	12
土地	3522	3500
在建工程	—	26
其他	97	63
无形固定资产	107	401
投资及其他资产	7011	5669
资产合计	**197195**	**228635**

在不动产行业中，因为存货一般是土地和建筑物，因此金额通常非常巨大。

但是，拥有这么多的销售用不动产和在建不动产，可以说十分异常。

森元公司内部发生了什么

森元公司在 2008 年 11 月申请适用《民事再生法》的过程中，对之前的资金周转已有了头绪，但为了让审计法人在 2009 年第二季度的报告中提出公正的意见（必须提出审计意见），曾提出："希望银行出具带有行长签名的文件，如果 2008 年 9 月至 2009 年 9 月资金周转出现问题（与计划有出入），那么将由银行全力援助。"但是，正如本节开头所述，审计法人未表明审计意见，最终只能申请适用《民事再生法》。

另外，在企业破产后的记者招待会上，森元公司的社长森本浩义表示："今年（2008 年），购买者持续观望导致库存增加，资金流动受阻，资金周转出现严重问题。"（《日经 Veritas》2008 年 11 月 30 日）。

从森元公司的主张来看，进入 2008 年以后，是因为不动产行业不景气才导致面临破产。

但是，仅从现金流量的状况来看，与其说森元公司的资金周转是从 2008 年开始恶化的，不如说这是长期存在的问题。

综上所述，森元公司通过借款等方式解决了资金不足的问题，但截至 2008 年 3 月决算期，其有息负债总额已接近 1500 亿日元（参见未在本书中记载的 B/S）。然后通过借入等方式筹集的资金被投入存货（销售用不动产和在建不动产）。

可以说只要森元公司不改变引起慢性资金不足的业务结构，就一定会面临黑字破产。

现金流量表和 B/S 出现异常

财务造假如何扭曲财务报表

进行财务造假的目的是什么？以 FOI 来讲，进行财务造假的目的是通过美化 P/L，欺瞒风险投资企业和股票投资者，同时筹措资金。虽然多数企业都能美化 P/L，但却无暇顾及现金流量表和 B/S。

FOI 也是如此，即使虚构销售额，粉饰 P/L 上的销售额和利润，也无法利用虚构的交易获取现金，因此现金流量表的经营 CF 显示赤字。

另外，持续虚构销售额、销售债权（应收票据、赊销账款）、库存（存货）和应付账款（应付票据、赊购账款）都会使 B/S 的数据变得异常。

只要有过一次财务造假，为了继续美化之后的决算数据，就不得不扩大财务造假的规模。其结果就是，B/S、P/L、现金流量表之间的差距越来越大。

发生黑字破产的企业的财务报表特征

黑字破产有很多种原因，我将在第 3 章中进行详细说明。营运资本（企业开展商务活动所必需的资金 = 销售债权 + 存货 - 应付账款）过大，资金不足导致黑字破产的案例不在少数。

例如本章中提到的森元公司，过大的存货（销售用不动产和在建不动产）给资金周转带来了压力。森元公司在股票上市仅 9 个月后，于 2008 年 11 月 28 日申请适用《民事再生法》，但仅从现金流量数据来看，早在 2006 年 3 月的决算期中就已经出现前兆。存货积压导致了营业 CF 显示负数。

另外，在森元公司的案例中，营业 CF 和投资 CF 合计的 FCF 也持续为负。在成长型企业中，FCF 显示负数的情况并不少见，因为成长型企业的投资额必须超过营业 CF 获取的现金。

但是，即使是成长型企业，营业 CF 长期出现赤字也是很不理想的。如果营业 CF 持续出现赤字，就意味着随着经营活动的展开，现金越发不足。

另外，森元公司销售低迷的状况还体现在 B/S 中销售用不动产和在建不动产的巨大金额上。森元公司最终的销售用不动产和在建不动产的金额合计超过了年销售额的 1.5 倍。

从 P/L 来看，森元公司是一家业绩良好的成长型企业，但从现金流量表和 B/S 来看，确实出现了黑字破产的征兆。

通过异常的财务报表解读“现场发生了什么”的会计思维能力

识别财务造假和黑字破产前兆的关键在于不只拘泥于 P/L，要善于发现现金流量表和 B/S 中出现的异常。无论是财务造假还是黑字破产，即使 P/L 被粉饰得再漂亮，现金流量表和 B/S 都会反映出真实的一面。学会识别这一点非常关键。

要想识别财务报表中存在的异常，最重要的是通过企业（会计）的数字来判断商务活动的现场发生了什么，即“会计思维能力”。

虽然 P/L 上的销售额和利润都在增长，但如果业务未能带来充足的现金流量，销售债权（应收票据和赊销账款）和库存（存货）的增长幅度超过了销售额的增长幅度，那么该公司的运作一定存在异常。

通常，只要养成结合企业的数字变化和实际情况的变化来思考的习惯，就能直观地发现“哪里不对劲”。

会计思考笔记 1　财务报表和商业模式

本书中列举了众多企业的 B/S、P/L 及现金流量表，但不熟悉财务报表的人很难看懂。

不熟悉会计数字的人在看财务报表时，可以使用“比例缩放图”。所谓比例缩放图，是指按照 B/S 或 P/L 的金额将相应的面积分配给各个项目，让财务报表在视觉上更易于理解。

通过比例缩放图，可以从财务报表中推测企业的商业模式，也可与同行业其他企业进行比较。

表 1－7　岛村的合并财务报表（2019 年 2 月决算期）

B/S

科目	金额/十亿日元	科目	金额/十亿日元
（资产部分）		（负债部分）	
流动资产	**225**	流动负债	**34**
现金存款	24	赊购账款	19
赊销账款	5	应付法人税等	3
有价证券	139	奖励金计提	2
商品	51	其他	10
其他	6		
固定资产	**173**		
有形固定资产	**136**		
房屋、建筑物	80	固定负债	5
机械器具备用品	3	负债合计	**39**

（续表）

科目	金额/十亿日元	科目	金额/十亿日元
土地	49	（净资产部分）	
建设暂付款	4	资本金	17
无形固定资产	**1**	资本公积	19
其他投资资产	**36**	累计利润	321
投资有价证券	10	库存股	-1
质押保证金	24	累计其他综合收入	4
其他	2	净资产合计	**360**
资产合计	**398**	负债和净资产合计	**399**

P/L

科目	金额/十亿日元
销售额	546
销售成本	372
销售总利润	**174**
营业收入	1
营业总利润	**175**
销售费用及一般管理费	**149**
广告宣传费	16
工资补贴	55
租赁费	33
其他	44

（续表）

科目	金额/十亿日元
营业利润	**25**
营业外收入	1
营业外费用	0
经常利润	**26**
非常损失	2
纳税调整前的当期净利润	**24**
法人税等	8
属于母公司股东的当期净利润	**16**

我们来看看实际的企业案例吧。表 1－7 是经营时尚中心岛村和快销服装的零售集团岛村的合并 B/S 和 P/L（2019 年 2 月决算期）。

制作比例缩放图时需要注意的是，B/S 和 P/L 的缩放程度必须一致（用相同的面积表示相同的金额）。这样一来，就可以将 B/S 和 P/L 放在一起进行比较了。

图 1－1 就是根据这一点制作的 B/S、P/L 比例缩放图。另外，这一比例缩放图还反映了表 1－7 中用粗框框出的项目（岛村的 P/L 中没有计入特殊利润，所以比例缩放图中没有这一项，但是，存在特殊利润的企业，特殊利润也必须反映在比例缩放图中）。让我们以比例缩放图为基础，思考一下岛村的商业模式吧。

我们从 B/S 的比例缩放图左侧（资产）开始。

首先，流动资产为 2250 亿日元，在资产中所占比例最大。由于岛村经营零售，因此其中可能包含了很多库存（存货）。

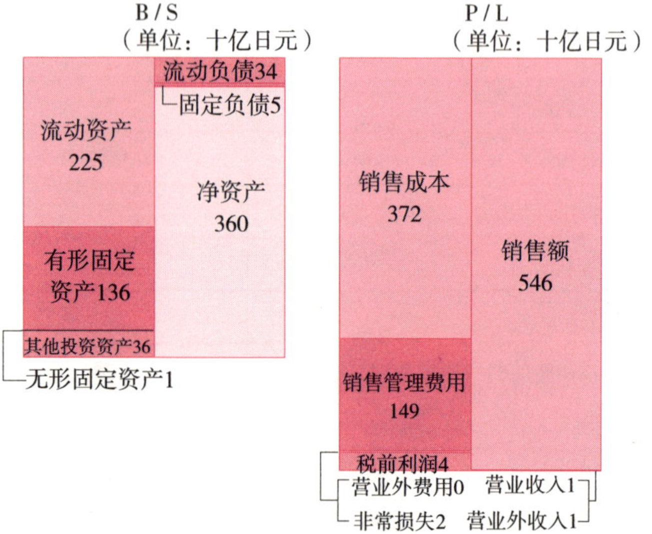

图 1-1 岛村的合并 B/S、P/L 比例缩放图（2019 年 2 月决算期）

此外，图中还包含了 1360 亿日元的有形固定资产。由表中可知，店铺建筑和土地占据了大部分面积。另外，对于零售业来说，店铺保证金占其他投资资产的很大一部分，因此可以假设，岛村的资产中也包含了店铺保证金。

我们再来看 B/S 的右侧（负债、净资产）。

岛村的负债占比极低，净资产占了很大的比例，这是在没有有息负债的无借款企业中常见的模式。岛村过去的业绩或许一直很好，并且通过保留利润（不进行利润分红，在公司内部进行再投资），在没有有息负债的情况下进行经营。

最后再看看 P/L。

岛村 2019 年 2 月决算期的销售额为 5460 亿日元，费用中销售成本占比最大，达到 3720 亿日元。岛村的成本率（销售成本与销售额的比率）为 68.1%，通常情况下，零售行业的成本率为 60%～70%，服装行业的成本率为 40%～50%，所以将低价格战略作为企业优势的岛村其成本率在服装行业中稍稍偏高。因此，可以推断岛村采用了薄利多销的商业模式。

销售费用及一般管理费用（销售管理费用）为 1490 亿日元，销售管理费用率（销售管理费用占销售额的比率）为 27.3%。我们可以提出这样的假设：销售管理费用中包含了店铺员工的人工费、店铺的租金、广告宣传费等。

最终，纳税前的利润，即纳税调整前的当期净利润（图中省略为税前利润）为 240 亿日元，相当于销售额的 4.4%。

接下来，我们回过头来看表 1－7，验证比例缩放图的假设。

首先来看 B/S 中的流动资产，与之前的假设不同，商品库存的金额并不多，只有 510 亿日元。

岛村只保留了相当于一个月销售额的库存。看到这里，我想到了岛村的“售完为止”策略和高度完善的企业物流网。岛村的商品即使卖完了也不会追加订购，这就是“售完为止”策略。

另外，如果某个店铺的商品卖完了，岛村就会从日本全国范围内有库存剩余的店铺中提取商品，为了实现这一目的，岛村构筑了细致的企业物流网。岛村商业模式中的优势体现在商品库存的金额。另外，流动资产中占比最大的是有价证券（1390 亿日元），这是为了活用手头资金才持有的资产。

此外，B/S 中的有形固定资产、投资，其他资产、负债以及净资产等基本符合比例缩放图的假设。

关于 P/L，我们围绕销售管理费用的明细进行分析。销售管理费用中最大的一笔是工资补贴（550 亿日元），然后是租赁费（330 亿日元）、广告宣传费（160 亿日元）。这些销售管理的费用项目常见于以消费者为对象进行经营的 BtoC 企业。

另一家企业是像优衣库一样的迅销公司（以下简称 FR）。从经营价格相对较低的服装商品来看，可以说其与岛村属于同一行业。

表 1－8 是 FR 的合并 B/S 和 P/L（2018 年 8 月决算期）。但是，FR 的财务报表是根据国际财务报告标准（IFRS）制作的，所以合并 B/S 全称为“合并财政情况报告”，按照日本标准，其中的固定资产是非流动资产，固定负债是非流动负债，净资产是资本，这与日本标准下的 B/S 存在差异。另外，P/L 的项目构成也与日本标准不同。

FR 的 B/S 和 P/L 的比例缩放图见图 1－2。如上所述，B/S 和 P/L 的项目构成与日本标准不同，更加侧重于金额巨大的项目。

首先，来看 B/S 的左侧（资产）。

金额较大的是流动资产（16190 亿日元），其中也包括存货金额。我们稍后再来确认明细。

表 1－8　FR 合并财务报表摘要（2018 年 8 月决算期）

B/S

科目	金额/十亿日元	科目	金额/十亿日元
（资产部分）		（负债部分）	
流动资产	**1619**	流动负债	**501**
现金及现金等价物	1000	赊购账款及其他短期债务	215

（续表）

科目	金额（十亿日元）	科目	金额（十亿日元）
赊销账款及其他短期债权	53	其他短期金融负债	172
		应付法人所得税	22
其他短期金融资产	35	备付金	12
存货	465	其他	80
金融衍生品金融资产	36	非流动负债	**552**
其他	30	长期金融负债	503
		备付金（非流动）	19
非流动资产	**335**	延期税金负债	13
有形固定资产	155	其他非流动负债	17
信用	8	负债合计	**1053**
无形资产	46	（资本部分）	
长期金融债权	79	资本金	10
权益法下经会计处理		累计利润	18
的投资	15	库存股	815
延期税金资产		其他资本的构成要素	–15
其他非流动资产	26	累计其他综合收入资	35
	6	本金	
		非控制性权益	40
		资本合计	**903**
资产合计	**1954**	负债和资本合计	**1956**

P/L

科目	金额/十亿日元
销售收入	2130
销售成本	1080
销售总利润	**1050**
销售费用及一般管理费	**797**
广告宣传费	70
地租房租	192
折旧费及其他折旧	45
委托费	41
人事费	285
其他	164
其他收入	3
其他费用	20
通过权益法计算的投资利润	1
营业利润	**236**
金融收入	10
金融费用	3
税前利润	**243**
法人所得税费用	73
当期利润	**169**
（属于母公司所有者的当期利润）	155
（非控制性权益的当期利润）	15

有形固定资产的金额虽然不大，但也非常重要。从销售额的规模来看，FR 是岛村的近 4 倍，但岛村的有形固定资产为 1360 亿日元，FR 有 1550 亿日元。这是因为 FR 的店铺大多都

是租借商业设施的场地，即使是路面店铺，其土地和建筑物也是租来的。FR 是零售行业中实践了“无持有经营”的企业。

接着来看 B/S 的右侧（负债、资本）。与无借款经营的岛村相比，FR 的流动负债和非流动负债所占比例较高。话虽如此，FR 的资本占总资产的比率（自有资本比率）是 46.2%，在安全性方面不存在问题。

P/L 中的销售收入为 21300 亿日元，如前所述，相当于岛村销售规模的近 4 倍。

销售成本为 10800 亿日元，成本率为 50.7%，成本率低于岛村。这让人觉得 FR 的商品单价很低，但实际上，FR 通过高功能性产品来确保净利润。

另外，岛村采用了从制造商或批发商那里采购商品进行销售的商业模式，而 FR 则是采用了“SPA”（Speciality store retailer of Private label Apparel，自有品牌专业零售商）的商业模式，即自行计划、生产、销售，这使得两家企业的成本率相差很大。在 SPA 模式中，企业能够全面推出属于自己的原创产品计划。

FR 之所以能够发挥产品性能强的优势，也是因为采用了 SPA 的商业模式。

FR 的销售管理费用为 7970 亿日元，销售管理费用率为 37.4%，比岛村高出约 10 个百分点。我们可以先提出这样的假设：与岛村相比，FR 投入了更多的广告宣传费，或者“无持有经营”导致“地租”增加。销售管理费用的明细稍后再进行确认。

FR 的税前利润为 2430 亿日元，占销售利润的 11.4%，盈利水平高于岛村。

让我们重新回到表 1－8，验证以比例缩放图为基础建立

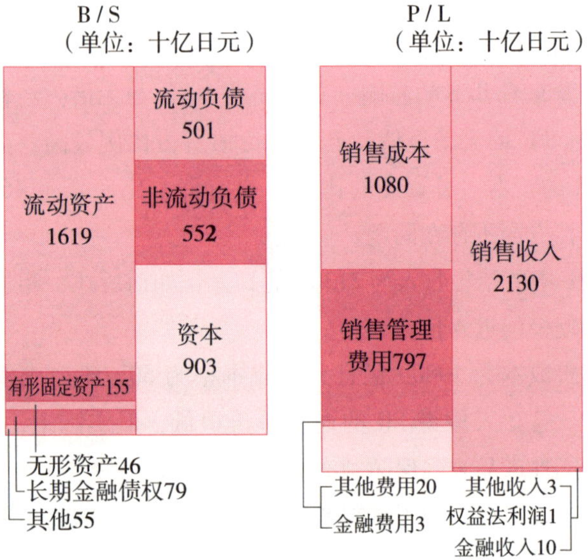

图 1-2　FR 的合并 B/S、P/L 比例缩放图（2018 年 8 月决算期）

的假说。

在 B/S 中，流动资产项目下的存货金额为 4650 亿日元，相当于 2.6 个月的销售收入。库存水平高于岛村。但是，流动资产中占比最大的是现金及现金等价物（1 兆日元），这可以说是今后 FR 在经营方面应该考虑的重点。

从 P/L 中的销售费用及一般管理费用的内容来看，金额最大的是人事费（2850 亿日元），然后是地租房租（1920 亿日元）、广告宣传费（700 亿日元）。FR 的主要费用项目与岛村基本一致，即使考虑到 FR 的销售规模，其每一个费用项目的成本也都高于岛村。

像这样比较同一行业的岛村和 FR 的财务报表（包括比例缩放图），就能发现岛村追求的是包括采购、库存在内的有效低成本经营，而 FR 销售高利润商品，采取无持有经营，两者的商业模式存在很大的差异。

此外，在分析财务造假和黑字破产的企业的财务报表时，也可以通过比较同行业其他企业的财务报表来发现其中的异常。

第 1 章的总结

◎ 要想识别财务造假和黑字破产，重要的是从财务报表的数字中发现不自然的变化。

◎ P/L 上业绩很好，但营业 CF 持续出现赤字的企业存在财务造假和黑字破产的可能性很大，最好保持怀疑态度。

◎ 销售债权和存货剧增也是财务造假和黑字破产的信号。

◎ 为了察觉财务造假和黑字破产的前兆，不能只看 P/L，还要注意 B/S 和现金流量表中出现的“异常”。

第2章

现金不会说谎

——通过现金流量和周转期解读真相

现金流量表的重要性

为什么现金流量表很重要

在解读财务造假和黑字破产的信号时，现金流量表尤为重要。这种现金流量表在英语中被称为“Cash Flow Statement”，或简称为 C/S 和 C/F，与 B/S 和 P/L 相比，这种称呼并不常用，因此本书仍然使用现金流量表这一称呼。

自 2000 年 3 月决算期（准确来讲，是自 1999 年 4 月 1 日开始的会计年度）开始，上市公司有义务制作现金流量表，由此可见，现金流量表的历史相对较短。

“理论与实践不一致”，这句话描述的正是黑字破产的状况。即使 P/L 显示盈利，如果没有足够的资金用于支付，企业也会破产。因此，反映企业年度现金收支情况的现金流量表应运而生。

通过查看现金流量表，可以掌握企业的现金动向，了解企业是否有足够的支付能力。

现金难以造假

正如第 1 章中所述，存在财务造假行为的企业会美化 P/L，但现金流量表能够反映出企业真实的困境。另外，发生黑字破产的企业的现金流量表也能体现出真实的经营状况。

现金流量表能够反映企业的实际情况。一般来说，“现金流量比盈亏更加难以粉饰”。这是为什么呢？

因为现金存款的金额难以蒙混过关。在进行财务审计的时候，审计人员一定会直接向有业务往来的金融机构确认存款余额，获取正确的数据。因此，即使伪造存款余额，也会立刻被审计人员发现。

第 4 章将会介绍各种财务造假的案例，包括替换营业 CF、投资 CF、财务 CF 之间的现金流量等，但是没有篡改现金存款余额的案例，原因就在于此。

因此，进行财务造假的企业想要篡改的是财务审计人员很难全部确认的资产（多数情况下是赊销账款和存货）。

但是，这种情况仅限于日本国内。国外存在虚构现金存款的案例。例如，2009 年 1 月 8 日，《日经产业新闻》报道了有关印度大型 IT 企业萨蒂扬软件技术有限公司财务造假的新闻，其中，资产负债表上的现金存款被虚构为 504 亿卢比（按照当时的汇率约为 970 亿日元），这件事也被称作“印度版安然事件”。由于普华永道会计事务所（PWC）未能识破该起财务造假，印度证券交易监督委员会决定自 2018 年 1 月至 2020 年 1 月的两年间，禁止普华永道会计事务所参与上市公司的审计。

现金流量表的三个部分

那么，让我们一边参照表 2 - 1，一边来了解现金流量表的基本结构吧。

表 2－1　合并现金流量表的基本构造

一、营业活动产生的现金流量 纳税调整前的当期净利润 折旧费 …… 小计 …… 营业活动产生的现金流量
二、投资活动产生的现金流量 取得有形固定资产产生的支出 销售有形固定资产获得的收入 …… 投资活动产生的现金流量
三、财务活动产生的现金流量 短期借款的净增减额 长期借款产生的收入 …… 财务活动产生的现金流量
四、与现金及现金等价物相关的换算差额
五、现金及现金等价物的增减额
六、现金及现金等价物的期初余额
七、现金及现金等价物的期末余额

我来说明一下。

现金流量表大致分为“营业活动产生的现金流量”（营业CF）、“投资活动产生的现金流量”（投资 CF）、“财务活动产生的现金流量”（财务 CF）三个部分。

第一部分是营业 CF，即通过“企业的主营业务”获得的现金。企业为了持续经营，必须通过主营业务来获取现金，所以一般的企业的营业 CF 都显示为增长。

从营业 CF 内的项目来看，营业 CF 是在纳税调整前的当期净利润的基础上，加上各种调整项目后计算出来的。这种营业 CF 是通过“间接法”制作而成的。

起初，营业 CF 的表示方法有“直接法”和“间接法”两种。直接法能够表示与经营活动相关的每一项交易中的现金收支，但现实中几乎不会使用，所以大部分企业的现金流量表都采用间接法来计算经营 CF。与直接法相比，间接法在实际操作中更加容易。

第二部分是投资 CF，即获取或销售有形固定资产、有价证券时产生的现金收支。从投资 CF 中可以看出，企业对所需的经营资源进行了多少投资。

第三部分是财务 CF，即与企业财务活动相关的现金流量。具体来说，是指通过贷款、发行公司债券、增资等行为筹集资金（现金收入），以及偿还债务、偿还公司债券、支付股息等产生的现金支出。

FCF（Free Cash Flow）是什么

FCF（自由现金流量）是企业经常使用的 KPI（业绩评价指标、重要业绩指标）之一。FCF 有很多种计算方法，最具代表性的计算方法之一是营业 CF 和投资 CF 的合计，如果用公式表示，就是“FCF = 营业 CF + 投资 CF”。这相当于从公司主营业务中所获取的现金，即营业 CF 扣除净投资额后所得的差值。

FCF是从经营CF中扣除必要投资后所得的现金流量，因此，当FCF为正数时，可以将现金用于偿还有息债务和股东分红；而当FCF为负数时，为了维持存款余额，必须通过贷款和增资来筹措资金。

如何利用瀑布图解读现金流量表

我在第1章的专栏“会计思考笔记1”中提到过，可以用比例缩放图将B/S和P/L视觉化，而现金流量表同样可以制作成图表。但是，现金流量表与B/S、P/L不同，需要使用瀑布图。

在瀑布图中，分别按照营业CF、投资CF、财务CF，利用柱体来表示期初持有的现金。

我们来看看利用真实的企业案例制作的瀑布图吧。表2-2是第1章的专栏“会计思考笔记1”中提到的岛村的合并现金流量表摘要。

制作瀑布图时，应该着重注意的是“营业活动产生的现金流量”（营业CF）、“投资活动产生的现金流量”（投资CF）、“财务活动产生的现金流量”（财务CF）、“现金及现金等价物的期初余额”和“现金及现金等价物的期末余额”5个项目（该表中用粗框框住的部分）。

“现金及现金等价物的期初余额”加上营业CF、投资CF、财务CF，基本等于“现金及现金等价物的期末余额”。严格来讲，还需要考虑“现金及现金等价物相关的换算差额”，但岛村的这一项目金额为零，所以制作瀑布图时可以忽略这一部分（图2-1）。

表 2－2　岛村的合并现金流量表摘要（2019 年 2 月决算期）

科目	金额/十亿日元
营业活动产生的现金流量	
纳税调整前的当期净利润	24
折旧费	6
……	……
销售债权的增减额（负数为增加）	－1
存货的增减额（负数为增加）	－3
……	……
应付账款的增减额（负数为减少）	－2
……	……
小计	26
应收利息及红利	0
利息支出	0
法人税等支出	－11
营业活动产生的现金流量	15
投资活动产生的现金流量	
……	……
取得有价证券产生的支出	－268
卖出有价证券产生的收入	261
取得有形固定资产产生的支出	－10
……	……
投资活动产生的现金流量	－16

（续表）

科目	金额/十亿日元
财务活动产生的现金流量	
……	……
支付红利	-9
财务活动产生的现金流量	-9
与现金及现金等价物相关的换算差额	0
现金及现金等价物的增减额	-10
现金及现金等价物的期初余额	63
现金及现金等价物的期末余额	53

单位：金额/十亿日元

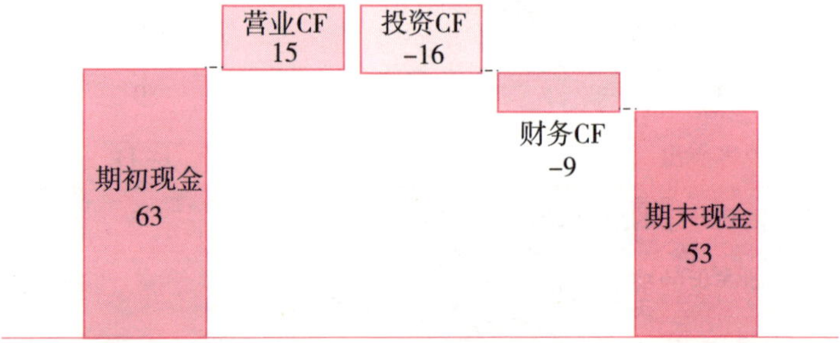

图 2-1　岛村的现金流量表瀑布图（2019 年 2 月决算期）

从图 2-1 中可以看出，岛村将超出业务活动中获取的资金，即超出营业 CF 的部分用于投资。

但是，投资的主要对象是有价证券（净额 70 亿日元）和有形固定资产（100 亿日元），由此可以推断，投资有价证券是在进行投资运营，所以实际上，岛村是在营业 CF 的范围内进行业务投资。另外，岛村在财务活动中支付了 90 亿日元的红利。

其结果就是，总计现金流出 100 亿日元，现金余额从期初的 630 亿日元减少到期末的 530 亿日元。

利润和现金流量的关系

P/L 和现金流量表的关系

正如我在第 1 章所提到的，P/L 上的利润和现金流量并不一致，因为计算利润时使用的销售额（收入）和费用与现金的动向不一致。

在识别财务造假和黑字破产，解读现金流量表时，必须理解为什么 P/L 上的盈亏和现金流量之间存在偏差。那么接下来，我将对这一点进行说明。

为什么利润和现金流量间存在差异

表 2－3 摘录了表 2－1 的现金流量表的营业 CF、投资 CF 和财务 CF。

表 2－3　合并现金流量表的基本构造（摘录）

一、营业活动产生的现金流量	
纳税调整前的当期净利润	
折旧费	……（A）
……	
销售债权的增减额（负数为增加）	……（B）
存货的增减额（负数为增加）	……（C）
应付账款的增减额（负数为增加）	……（D）
小计	

（续表）

…… 营业活动产生的现金流量
二、投资活动产生的现金流量 …… 投资活动产生的现金流量
三、财务活动产生的现金流量 …… 财务活动产生的现金流量

正如我在前面所说的那样，大部分企业的营业 CF 都是用间接法制作的。

所谓间接法，是以 P/L 上纳税调整前的当期净利润为基础，通过调整盈亏和现金流量之间的偏差来表示营业 CF。

因此，从间接法的调整项目来看，可以用特殊的项目来记录损益和营业 CF 之间产生的差异。

损益和现金流量之间产生的差异大致可以分为以下两个项目：

①虽然是 P/L 上的费用，但不会影响现金流量的项目。
②虽然影响现金流量，但不是 P/L 上的费用项目。

那么，我们就来详细了解一下这些项目吧。

虽然是费用，但不会影响现金流量的项目

第一项是 P/L 上的费用，但不会影响现金流量的项目。这一项目中最具代表性的是有形固定资产等折旧费。折旧费是

指随着有形固定资产的使用，将其价值减少的部分计入费用。折旧费不需要向他人支付费用，因此不会对营业 CF 产生影响（但是，获取有形固定资产时的支出会使投资 CF 减少）。

因此，如表 2－3 营业 CF 中的（A）所示，在计算营业 CF 时，必须重新加上计算纳税调整前的当期净利润时扣除的折旧费。这样一来，折旧费就不会对现金流量产生影响。

影响现金流量，但不是费用的项目

第二项是能够影响现金流量，但不是费用的项目。在营业 CF 中，能够影响现金流量，但又不是费用的项目是“存货的增减额”。

存货是支付原材料的采购费用、工厂员工的工资、制造费用等（现金支出）的另一种形式，因此，存货的增加意味着现金的减少。但是，库存只有在销售时才被算作费用（销售成本），销售前不会计入费用。因此，如表 2－3 中的（C），库存的增加被调整为营业 CF 的减少。

在第 1 章森元公司的案例中，尽管 P/L 上的盈亏显示黑字，但销售用不动产和在建不动产等存货的膨胀使资金周转受阻，原因就在于此。

同样，如表 2－3 中的（B），“销售债权的增加”也会导致现金流量减少。销售债权与应收票据、赊销账款类似，表示商品或产品已经售出，但货款部分仍未收回。图 2－2 中按照现金→存货→销售债权的顺序展示了现金变化的过程，由此可见，销售债权的增加意味着现金的减少。

在财务造假中，存在将虚构的交易计入销售额和利润的案例，但这种虚构的交易无法回收销售资金，最终导致销售债权增加。其结果就是，即使能够弥补 P/L 上的销售额和利润，

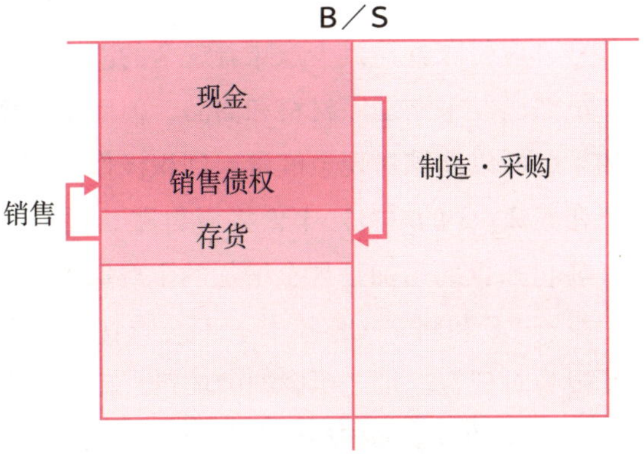

图2－2　现金变化过程

营业CF中也依然会出现赤字，企业的困境更加显而易见。

另外，如果销售债权过大，就会使B/S变得扭曲，通常的做法是同时虚构存货。因此，多数存在财务造假行为的企业都会计入过量的销售债权和存货。

应付账款（应付票据和赊购账款）与销售债权的作用相反。应付账款是指已经采购了商品和原材料，但尚未支付货款的部分。

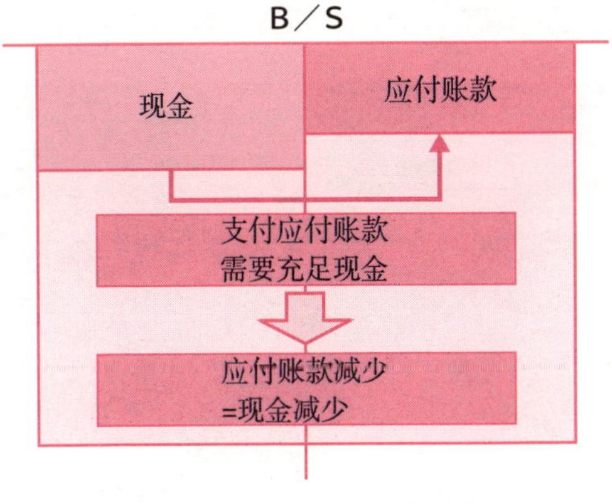

图2－3　应付账款和现金流量的关系

如图 2－3 所示，当应付账款减少时，需要使用现金来支付减少的部分，应付账款的减少意味着现金的减少。当应付账款增加时，虽然已经采购了原材料和商品，但尚未用现金支付的部分增加了，所以能够对现金流量起到积极作用。

因此，在表 2－3 的（D）中，将应付账款的减少调整为现金减少（应付账款的增加是现金增加的主要原因）。

另外，投资 CF 和财务 CF 基本上不会直接影响盈亏，但也可以将其视为对现金流量产生影响的项目。设备投资和偿还贷款等行为虽然会直接影响现金流量，但不会直接影响 P/L 上的盈亏。

解读现金流量表的要点

常规的现金流量模式

想要利用现金流量表识别财务造假和黑字破产，关键在于解读企业的现金流量模式。

在此，我将利用前面介绍的瀑布图来说明具有代表性的现金流量模式。我会先介绍一般企业的现金模式，然后对发生财务造假和黑字破产的企业的现金模式进行解说。

首先，让我们来看一下企业成长期（销售额和利润的增长期）的现金模式。图 2－4 是企业成长期的典型现金流量模式。

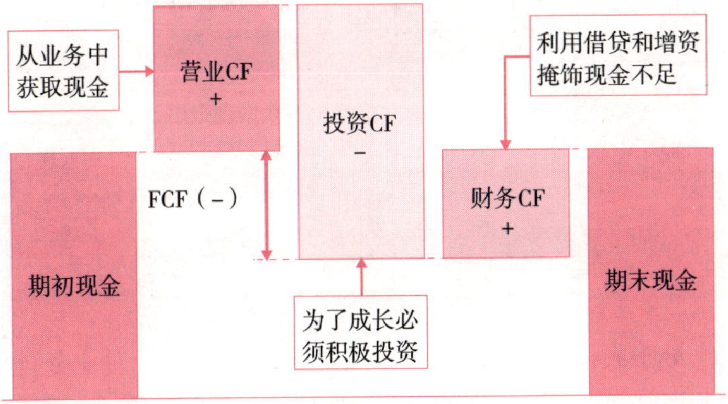

图 2－4　企业成长期的典型现金流量模式

成长期的企业，业务已经有了固定的模式，所以营业 CF

呈正增长。另外，为了扩大业务规模，需要对店铺和生产设备进行大规模投资。因此，投资 CF 呈较大的负增长，这也导致成长期企业的 FCF（=营业 CF+投资 CF）为负。当 FCF 为负时，表示现金不足，需要依靠贷款和增资来弥补，所以财务 CF 显示为增加。

接下来看企业平稳期（销售额和利润稳定增长的时期）的现金流量模式。图 2-5 中展示了此类企业的典型现金流量模式。

处于平稳期的企业能够稳定地从业务中获取现金，所以营业 CF 大幅增长。另外，由于投资 CF 的下降幅度相对减弱，使得 FCF 呈稳定增长状态。也就是说，只要能够保证业务稳定，就能持续产生现金，确保资金充足。

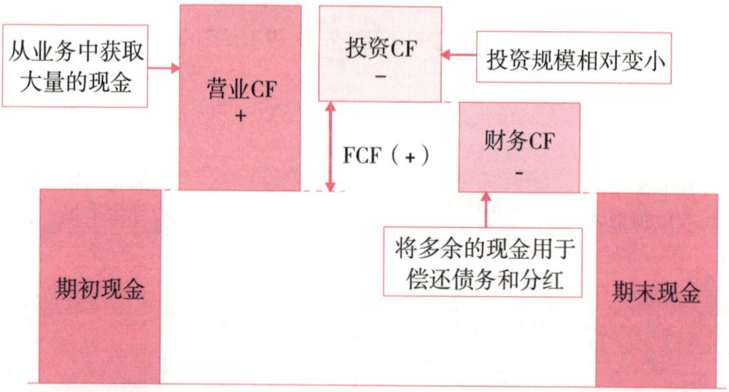

图 2-5　企业平稳期的典型现金流量模式

处于成长期的企业，可以用 FCF 增加的部分对业务进行再投资；而处于稳定期的企业没有理想的投资对象，可以将多余的现金用于偿还贷款或给股东分红。因此，大多数处于稳定期的企业的财务 CF 都是负数。

财务造假、黑字破产的企业的现金流量模式

那么，发生财务造假和黑字破产的企业的现金流量模式又是怎样的呢？图 2 -6 展示了发生财务造假和黑字破产的企业的典型现金模式。

这类企业由于主营业务不顺利，营业 CF 大幅减少，有时甚至出现负增长。而营业 CF 呈现负增长，意味着为了维持业务，现金呈持续流出状态。

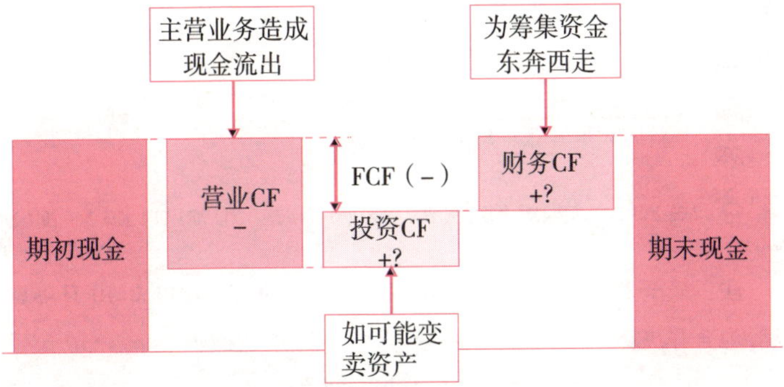

图 2 -6　发生财务造假和黑字破产的企业的现金流量模式

这使得企业经营陷入危机，只能通过投资 CF 和财务 CF 来解决资金周转问题。具体来讲，就是通过出售可出售资产来筹措资金，或者向金融机构追加贷款等。

但是，虽然可出售资产和金融机构的援助能够维持企业经营，但当可出售资产售空，金融机构的援助中断，企业拥有的资金就会突然减少，从此没落。因此，为了保持金融机构和股票市场的资金供给，不少企业都在此时进行财务造假。

总之，发生财务造假行为和黑字破产的企业，其现金流量模式的最大特点就是营业 CF 呈负增长。明明有利润，但营业

CF 的负增长趋势不断扩大，这类企业存在财务造假或发生黑字破产的可能性很大，必须引起高度注意。

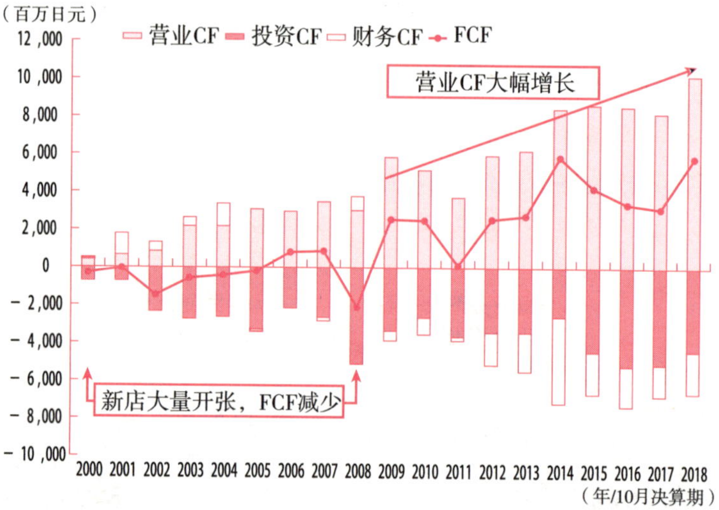

注：截至 2012 年 10 月决算期以前为独立决算，2013 年 10 月决算期以后为合并决算。

图 2－7　Kura 集团的现金流量变化

通过时间数列查看现金流量

在分析现金流量表的时候，通过从过去到现在的时间数列来查看现金流量也是很重要的。现金流量表只能显示一年内现金的变化情况，要想掌握现金的长期变化，就必须按照时间顺序进行分析。

接下来，我将通过案例来说明如何分析现金流量的时间顺序。图 2－7 汇总了经营回转寿司连锁店的 Kura 集团 2000 年 10 月决算期至 2018 年 10 月决算期的现金变化情况。

从 Kura 集团的 FCF 变化来看，可以以 2008 年 10 月决算期为界限分为两个时期。

第一个时期是从2000年10月决算期到2008年10月决算期。这一时期，Kura集团为了大量开设新店，积极投资有形固定资产，结果导致投资CF的减幅超过了营业CF的增幅，FCF在9个决算期中有7个为负数。

值得注意的是，在投资开设大量新店的时期过后（2009年10月决算期以后），Kura集团的营业CF开始大幅增长。2008年10月决算期的营业CF为30.17亿日元，5年后，2013年10月决算期的营业CF翻了一番，达到61.78亿日元，又过了5年，2018年10月决算期的营业CF达到102.09亿日元。

这意味着Kura集团通过营业CF收回了截至2008年10月期用于投资的现金，这一点从2009年10月决算期以后FCF的增幅可以看出。

从现金流量模式来看，Kura集团在2008年3月决算期前属于成长期企业模式，2008年3月决算期后属于平稳期企业模式。

在这一案例中，前半期（截至2008年10月决算期）FCF的减少并没有问题。换言之，这是为了企业的成长作出的积极投资。用于投资的现金可以通过之后的营业CF增长来收回。

另外，如果大规模的投资导致营业CF没有增长，则无法收回用于投资的现金。这种状况的持续，会增加企业经营风险。

综上所述，为了明确企业是否收回了用于投资的现金，不仅要进行年度分析，而且要按照时间顺序进行分析。

注意现金流量表的细节部分

此外，在分析现金流量表时，有时必须关注细节项目，这里以出现经营者贷款问题的大王制纸集团为例进行说明。该事件曾经令人震惊，大王制纸集团从2010年5月到2011年9月为前任会长提供了超过100亿日元的贷款，前任会长将这些钱用于赌博，结果全部输光。

表2-4　大王制纸的合并现金流量的变化

单位：百万日元

3月决算期	2007年	2008年	2009年	2010年	2011年
营业CF	34525	61286	49371	73881	41036
投资CF	-36556	-70792	-37787	-21417	-25379
财务CF	3093	8099	3093	-17987	-20747
FCF（=营业CF+投资CF）	-2031	-9506	11584	52464	15657

让我们试着从当时的现金流量表中了解事件的具体情况吧。

表2-4汇总了2011年9月事件发生之前，截至2011年3月决算期大王制纸的营业CF、投资CF、财务CF的5年变化情况。

从表2-4中可以看出，为前任会长融资时，2011年3月决算期投资CF的减幅并不明显。相比之下，2007年3月决算期和2008年3月决算期的投资CF的减幅更大。2011年3月决算期的FCF也呈正增长。

但是，如果仔细分析投资CF的细节项目，就会发现2011年3月决算期现金流量的特殊性。表2-5汇总了2010年3月决算期和2011年3月决算期的投资CF，可以看出2010年3月决算期的“贷款支出”仅为1.63亿日元，而2011年3月决算期激增到 51.04 亿日元。

过去几年从未出现过如此庞大的贷款金额，由此可以推断出，一定是发生了什么不寻常的事情。

表 2－5　大王制纸的合并现金流量表（投资 CF）

单位：百万日元

科目	2010 年 3 月决算期	2011 年 3 月决算期
投资活动产生的现金流量		
定期存款的增减额（负数为增加）	－2814	671
获取有形固定资产的支出	－17501	－21729
销售有形固定资产的收入	204	700
获取投资有价证券的支出	－3413	－426
开设子公司的支出	－	－1071
贷款支出	－163	－5104
收回贷款的收入	234	559
利息及红利收入	1634	1437
其他	401	－415
投资活动产生的现金流量	**－21417**	**－25379**

实际上，结合大王制纸特别调查委员会提供的“调查报告书”来看，这笔“贷款支出”就是为前任会长提供的贷款。

另外，贷款支出在财务造假中也经常被用于掩饰资金的流动，因此，这也是分析现金流量表的细节时应该注意的项目之一。

分析周转期的重要性

分析周转期和财务造假、黑字破产的关系

周转期指标是判断财务造假和黑字破产的有效指标。在此，我将对这些指标进行说明。表 2－6 展示了销售债权、存货、应付账款周转期指标的计算公式。

这些周转期指标是分析应收票据、赊销账款等销售债权以及存货（库存）、应付票据、赊购账款等应付账款效率性的指标，通过这些指标可以看出销售额中包含了几日份的销售债权、存货和应付账款。换言之，销售债权周转期是指以现金回收销售债权的周期，存货周转期是指从购入货物到销售货物的周期，应付账款周转期是指从购入货物到支付货款的周期。

如前所述，存货和销售债权的增加，以及应付账款的减少是现金减少的主要原因。因此，在发生财务造假和黑字破产的企业中，当销售债权和库存的增长幅度超过销售额时，销售债权周转期和存货周转期都会出现长期化倾向。

表 2－6　周转期指标的计算公式

销售债权周转期＝应收票据・赊销账款/（销售额÷365）（日）
存货周转期＝存货/（销售额÷365）（日）
应付账款周转期＝应付票据・赊购账款/（销售额÷365）（日）

Senior Communication 公司的案例

那么，我们以存在财务造假行为的企业为例，试着分析周转期。我们来看面向银发市场（指中老年消费市场）提供咨询业务的 Senior Communication 公司的案例。

该企业于 2005 年 12 月在东京证券交易所上市，但从 2004 年 3 月决算期到 2010 年 3 月决算期的第三个季度，发生了包括虚构销售额在内的财务造假。该公司的财务造假事件被曝光后，于 2010 年 9 月被取消东证玛札兹的上市资格。

表 2－7 是该企业的主要财务指标汇总。

表 2－7　Senior Communication 公司的财务指标（合并）

3 月决算期	2005 年	2006 年	2007 年	2008 年	2009 年
销售额（百万日元）	644	1160	1402	1578	1327
经常利润（损失）（百万日元）	93	218	307	232	－405
当期净利润（损失）（百万日元）	80	86	344	17	－617
销售债权（百万日元）	479	824	1193	1255	1233
存货（百万日元）	2	7	5	58	5
应付账款（百万日元）	13	32	138	62	23
销售债权周转期（日）	271	259	311	290	339
存货周转期（日）	1	2	1	13	1
应付账款周转期（日）	8	10	36	14	6
营业 CF（百万日元）	－183	－123	－7	－315	106

（续表）

3 月决算期	2005 年	2006 年	2007 年	2008 年	2009 年
投资 CF（百万日元）	-98	-358	-725	-759	-663
财务 CF（百万日元）	480	624	1710	939	-93
FCF（百万日元）	-281	-481	-731	-1073	-557

从表 2-7 中可以看出，截至 2008 年 3 月决算期，销售额稳步增长，利润也都是黑字。

另外，虽然营业 CF 出现赤字的年度较多，但 2009 年 3 月决算期扭亏为盈，达到了 1.06 亿日元，看似出现了改善的迹象。

实际上，该企业不仅粉饰了 P/L，而且粉饰了营业 CF（关于营业 CF 的粉饰行为，将在第 4 章详细说明），正如第 1 章中提到的 FOI 的案例，仅通过盈亏和营业 CF 之间的差距很难识别财务造假。

其实，该企业为了伪造销售收入，让董事利用 ATM 汇款来填补销售收入，或以获取（实际不存在）软件为名，将汇出的款项再次转入己方公司账户，虚构销售额。由此可见，该企业的粉饰行为十分巧妙，仅通过营业 CF 难以识别。

话虽如此，在 B/S 的销售债权及销售债权周转期的指标（表 2-7 中用粗框框住的部分）中，粉饰行为的迹象十分明显。该企业的销售债权周转期逐渐长期化，从 2006 年 3 月决算期的 259 日延长至 2009 年 3 月决算期的 339 日，这意味着其中包含了全年销售额 70%～90% 的销售债权。服务行业销售债权周转期的平均值约为 60 日，相比之下，该企业的销售债权周转期异常的长。

实际上，该企业的销售债权大多与虚构销售额有关。面对这种粉饰营业 CF 的案例，可以通过分析周转期识别财务造假的征兆。分析周转期可以说是识别财务造假和黑字破产非常有效的方法。

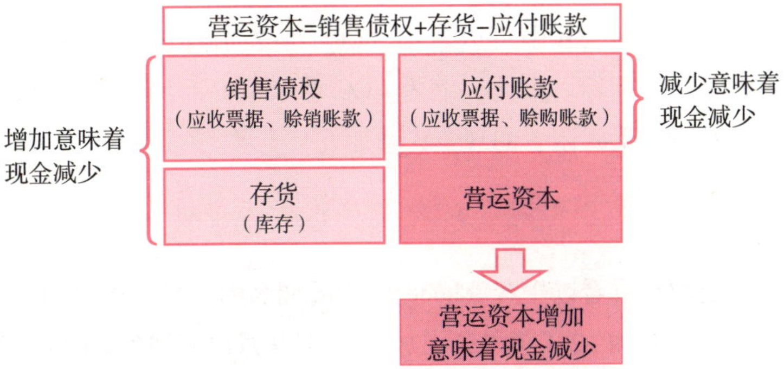

图 2-8　营运资本的计算公式和思考方法

周转资金和现金循环周期（CCC）

我们先来看与周转期指标密切相关的思考方法之一——营运资本和现金循环周期（CCC）。

所谓营运资本，是指企业进行业务活动时所必需的资金。营运资本的计算公式如图 2-8 所示："营运资本 = 销售债权 + 存货 - 应付账款"。

如前所述，销售债权和存货是指现金转变为销售货款的未收回部分和库存，销售债权和存货的增加会导致现金减少。

另外，应付账款是采购原材料和商品时未支付的货款，因此，应付账款的减少意味着支付货款导致现金减少。也就是说，营运资本增加则现金减少，营运资本减少则现金增加。

表 2-8　CCC 的计算公式

CCC = 销售债权周转期 + 存货周转期 - 应付账款周转期

另外，CCC 的计算公式如表 2-8 所示。CCC 表示企业从支付业务所需商品和原材料的货款，到最终收回销售货款的周期。另外，从公式中可以看出，CCC 是表示营运资本需要几日销售额的指标。因此，缩短 CCC 意味着提前回收以销售债权和存货的形式闲置的现金，增加现金流量。

CCC 的改善为苹果公司带去了什么

我们来看看以生产 iPhone 和 iPad 闻名的苹果公司的 CCC。

图 2-9 汇总了苹果公司从 1995 年 9 月决算期到 2018 年 9 月决算期的存货周转期、销售债权周转期、应付账款周转期和 CCC 的变化情况。另外，为了简单起见，图中用负数表示应付账款周转期（实际计算出的应付账款周转期为正）。

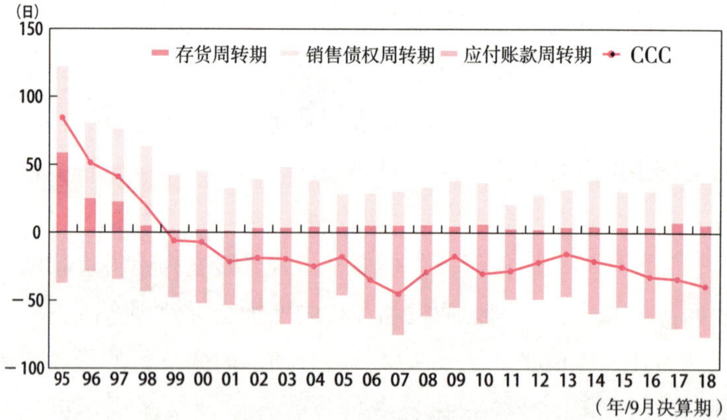

图 2-9　苹果公司的周转期指标及 CCC（合并）

1995 年 9 月决算期，苹果公司经营不善，CCC 超过了 80

天，但自 1996 年 9 月决算期以后有所好转。1999 年 9 月决算期的 CCC 为负值，2000 年以后 CCC 稳定维持在负值水平。

仅从财务数据来看，应付账款周转期的长期化是维持 CCC 为负数的原动力，但最主要的原因是存货周转期的缩短。

2018 年 9 月决算期，存货周转期仅为 5 日。这意味着苹果公司只保留了相当于 5 日销售额（平均日销售额 ×5 天）的库存。

苹果公司的存货周转期之所以如此之短，除了持续推行限制、简化产品种类的政策外，还因为需求预测、生产计划、库存管理的准确度非常高。

此外，在委托制造商（供应商）的过程中，苹果公司的谈判能力非常强，由此可以推测出，避免从供应商处采购不必要的库存，与苹果公司的存货量之少有着紧密的联系。

1996 年，苹果公司的 CCC 开始改善，正好是史蒂夫·乔布斯回归苹果公司的时间。另外，在 1998 年，蒂姆·库克加入苹果公司，并担任苹果供应商经营改革的一线总指挥，之后成为 COO、CEO。两人的经营改革大大提高了苹果公司运营资本的效率。

CCC 为负数时，意味着支付货款时销售货款已经入账。CCC 为负数的企业，由于营运资本为负数，销售额的增长导致营运资本的减少（营运资本减少的幅度变大），现金相应增加。

苹果公司将由此产生的现金用于开发 iPhone、iPad、iPod 等创新性产品，成功地与公司的成长联系在一起。CCC 的改善可以说是支撑苹果公司复活的基础。

为什么 NOVA 倒闭了

苹果公司依靠缩短 CCC 产生的现金推动了企业成长，这是一个积极的案例，但有时 CCC 为负也会起到消极作用。接下来，我们以英文会话学校“NOVA”为例，来看 CCC 为负的负面案例。

表 2-9 NOVA 的财务指标（合并）

3 月决算期	2004 年	2005 年	2006 年	2007 年
销售额（百万日元）	70600	75275	69812	57065
经常利润（百万日元）	1476	924	-1471	-1211
当期净利润（百万日元）	449	204	-3070	-2495
销售债权周转期（日）	38	33	34	55
存货周转期（日）	11	16	20	20
应付账款周转期（日）	196	178	175	169
CCC（日）	-148	-129	121	-94
营业 CF（百万日元）	2603	-1034	-4150	-5764
延期支付站前留学服务收入的增减（负数为减少）（百万日元）	1479	-1940	-1770	-6123
投资 CF（百万日元）	-2113	-3007	-3134	-549
财务 CF（百万日元）	1077	2413	6347	-4400

表 2-9 汇总了 NOVA 从 2004 年 3 月决算期到 2007 年 3 月决算期的财务指标。这里要关注的是 CCC、营业 CF 以及营业 CF 中的“延期支付的站前留学服务收入的增减”。

NOVA 通过预先收取学员的学费获得现金，然后用收取的现金投资建设新的校舍，并以这种循环实现快速成长。从 2004 年 3 月决算期的现金流量数据中，就能了解这些现金的作用。26 亿 300 万日元的营业 CF 中，相当于预收学费增减的“延期支付站前留学服务收入的增减”一项达到 14 亿 7900 万日元。营业 CF 的 60% 都是通过预收学费产生的。

其结果导致 2004 年 3 月决算期的实际 CCC 为负 148 日。NOVA 将由此产生的现金用于新建校舍。在 CCC 为负的背景下，将产生的现金用于成长投资，这一点与苹果公司相同。

但是，自那之后，新生数量开始减少，中途解约的人数不断增加，情况急转直下。2005 年 3 月决算期的预收学费开始减少，营业 CF 也陷入赤字。此外，2006 年 3 月决算期和 2007 年 3 月决算期销售额的减少，加快了预收学费的减少速度，2006 年 3 月决算期和 2007 年 3 月决算期的营业 CF 分别为 -41.5亿日元和 -57.64 亿日元。2007 年 3 月决算期，预收学费减少了 61.23 亿日元。结果导致 NOVA 陷入了资金周转的困境，并于 2007 年 10 月申请适用《企业重建法》。

CCC 为负的企业，销售额的增长能够促使现金增加，是实现高速增长的原动力。同时也意味着当销售额减少，现金也将大幅减少。

这是因为，CCC 为负时，销售额减少，营运资本的减幅也变小（营运资本增加）。这是十分值得注意的一点。

会计思考笔记 2 CCC 的最佳方案是什么

越来越多的企业将 CCC 作为 KPI（关键绩效指标）。仅以近些年的案例来看，日立制作所、住友化学、IHI、日本电产、资生堂、富士通将军等企业都将缩短 CCC 作为目标。

例如，根据 2019 年 5 月 8 日综合性重工业制造商 IHI 发表的“集团经营方针 2019”，2019 年 3 月决算期的 CCC 为 97 日，而 2022 年 3 月决算期的 CCC 为 80 日，缩短了 17 日。

此外，化妆品制造商资生堂在 2018 年 3 月 5 日发布的“2018—2020 年度经营战略 · 计划”中提出，计划于 2020 年 12 月决算期将 CCC 从 2017 年 12 月决算期的 114 日缩短为 100 日。

资生堂通过缩减 SKU（商品最小构成单位）和提高各类 SKU 的管理效率，提高销售预测的精度，通过缩短 IT 库存管理的强化、筹措、生产、供应的周期，缩短存货周转期，完成缩短 CCC 的目标。

我再重申一次，缩短 CCC 意味着削减运营资本和产出相应的现金，而缩短 CCC 的目的就是用这些现金投资未来。

本章中提到了苹果公司自 21 世纪以来，CCC 呈稳定的负增长，但与苹果公司同属 GAFA（谷歌、亚马逊、Facebook、苹果四家公司的首字母组成的词汇）的亚马逊也是 CCC 为负数的知名企业。

CCC 为负数的企业通过压缩库存、延迟支付货款等方式，建立了在支付货款之前回收销售货款的循环体系。其结果是随着销售额的增长，产生的现金越来越多，而这些现金能够用于新的投资。

那么，日本企业的 CCC 如何？图 2－10 汇总了 CCC 的国际比较结果。

从图 2－10 中可以看出，日本企业的 CCC 在制造业中为 93 日，在非制造业中为 29 日，两者都毫不逊色于国外企业。尤其是表示库存标准的存货周转期，制造业是 74 日，非制造业是 20 日，均处于世界最高水平。这些数据表明日本企业通过提高库存效率，缩短 CCC，将资金效率维持在较高水平。

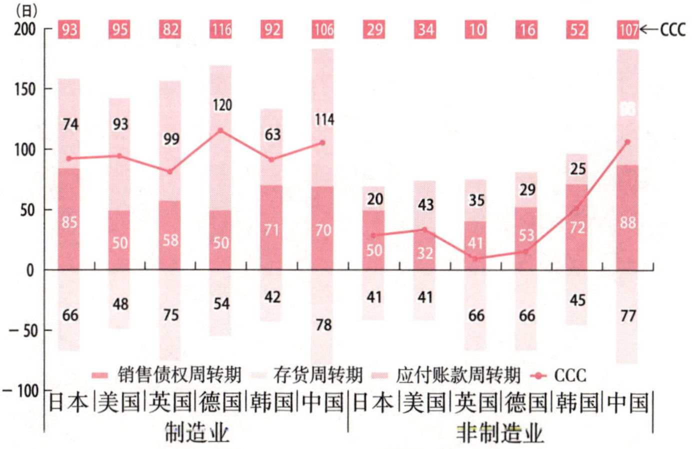

图 2－10　上市企业 CCC 的国际比较

资料来源：帝国数据库“‘基于 Fintech 对地区企业盈利能力成长测定指标的理想状态的调查研究’调查报告书”，由作者制作。

日本企业的销售债权周转期比欧美企业的周转期长，制造业为 85 日，非制造业为 50 日。此外，在日本企业中，销售债权的周转期比应付账款的周转期长。因此，可以通过缩短销售债权周转期来改善 CCC。

话虽如此，随意缩短 CCC 未必是件好事。从本章列举的 NOVA 案例可以看出，CCC 为负的企业的销售额减少，现金也会加速减少。因此，CCC 为负是一把双刃剑。

另外，虽然缩短 CCC 有利于提高资本效率，但从企业经营的整体来看，未必是最好的选择。

例如，应付账款周转期是构成 CCC 的要素之一，缩短这一周转期不利于 CCC 的短期化。但是，对于供应商来说，缩短应付账款的周转期能够加速回收销售债权的货款（销售债权周转期缩短）。因此，缩短应付账款的支付期限，有时可以作为降价谈判的筹码。

相反，对于销售方来说，缩短销售债权的周转期意味着减少了应付账款的周转期，因此也有可能被迫相应地降低销售价格。在这种情况下，缩短 CCC 未必是经营整体的最佳方案。

CCC 的最佳方案需要从提高资本效率和与交易对象的关系这两方面来探索。

第 2 章的总结

◎现金存款余额很难被篡改，与盈亏相比，现金流量更加难以粉饰。

◎现金流量表由营业 CF、投资 CF、财务 CF 三个部分组成。

◎为了利用现金流量表识别财务造假和黑字破产，重要的是理解 P/L 和现金流量之间产生偏差的项目。

◎周转期指标中也会出现财务造假和黑字破产的征兆。

◎CCC 为负的企业，销售额增加时现金随之增加，销售额减少时现金大幅减少，这一点需要注意。

第3章

为什么会发生黑字破产

——即使盈亏呈现黑字，现金不足仍然致命

黑字破产并不罕见

十分常见的黑字破产

正如本书“前言”所述，在 P/L（利润表）上显示黑字，但最终导致破产的情况并不少见。

东京商工调查公司的调查显示，在 2018 年 1 月至 12 月破产的 463 家企业中，有 221 家企业（47.7%）的最终盈亏显示为盈利。实际上，破产企业中有近一半是黑字破产。

黑字破产并不仅限于中小企业，上市公司中也有很多黑字破产的案例，本章会详细介绍。

本章将列举很多黑字破产的案例，并说明“黑字破产的征兆体现在财务报表的哪些地方”“为什么这家企业会出现黑字破产”“如何才能避免黑字破产”。

发生黑字破产的原因

为什么企业会破产呢？其实原因很简单，归根究底，如果公司不能在该支付的时候支付，就会破产。这种陷入资金不足的状态，也被称为“资金短路”。

这与 P/L 上的盈亏显示黑字或赤字无关。即使近期 P/L 上的利润都是黑字，如果资金短路，那么公司也会破产。这就是黑字破产的原理。

因此，只看 P/L 无法识别黑字破产的征兆。如果不能充分利用 P/L 以外的财务报表，就可能在交易和投资中蒙受巨大损失。

黑字破产的征兆出现在现金流量表和B/S

那么，该如何识别黑字破产的征兆呢？从结论上来说，黑字破产的征兆大多出现在现金流量表和B/S上。

我再重申一次，破产的原因大多是资金短路，而现金流量表可以清楚地显示资金周转中出现的困难。因此，解读现金流量表是识别破产征兆的关键。

另外，B/S中往往也隐藏着黑字破产的重要征兆。正如第1章中提到的森元公司，其破产的原因是不良库存，这种情况只需看一下B/S的存货项目就能明白。

此外，运用第2章中提到的周转期指标可以更有效地分析这种状况。

第4章以后出现的部分财务造假的案例，粉饰手法都十分巧妙，不仔细研究很难识别。而黑字破产不会蓄意隐瞒，因此相对来说比较容易识别（据调查，部分黑字破产的企业也存在粉饰行为）。

黑字破产的三种模式

从黑字破产的企业案例来看，黑字破产的财务原因大致分为以下三种情况：

①存货（存货过多会形成不良库存）堆积导致破产。
②无法回收销售债权（应收票据、赊销账款）导致破产。
③不合理投资导致破产。

①存货堆积导致破产的情况。正如第2章所述，库存增加会导致现金减少。不合理地堆积库存会导致资金短路，最终破

产。在这种情况下，堆积的存货大多无法销售变现，从而成为不良库存。

②销售债权严重积压导致破产的情况。无法回收销售方的销售货款，就会陷入资金短路的状态。这一点在第 2 章中也有提及，销售债权增加会导致现金减少。这就是“不良债权”压制现金流，导致破产的情况。

③由于投资有形固定资产等导致现金不足，最终破产的情况。投资对于获得未来的现金流量来说非常重要，但如果投资失败，无法产生现金流量，企业的资金周转就会陷入困境。如果这种情况无法改善，银行等机构的融资断绝，企业就会破产。

本章将破产企业的案例分为三种模式，详细说明了如何利用财务报表的数据识别破产征兆、破产的原因，以及如何避免黑字破产。

存货积压导致破产

日本综合地所的案例

作为黑字破产的第一个案例，我们来看分售公寓的开发商日本综合地所。日本综合地所以欧式设计风格的公寓为主，作为分售公寓的开发商满足了广大家庭客户的需求，但因资金流动受阻，于 2009 年 2 月 5 日申请适用《企业重建法》。在当时，日本综合地所包括子公司在内的负债总额高达 2142 亿日元。在破产的不动产企业中，其负债规模仅次于 2008 年 8 月破产的 Urban Corporation（负债总额 2558 亿日元）（《日经产业新闻》2009 年 2 月 10 日）。

2008 年至 2009 年，新兴不动产企业相继破产。这些破产企业最大的共同点是“不动产流动化业务”极速成长。所谓不动产流动化业务，是指收购低利润企业的不动产，翻修后出售给投资基金等，即“转售型”业务。与面向家庭出售单套公寓的普通不动产分销业务相比，不动产流动化业务可以向投资者出售整栋公寓楼，因此，该业务具有不需要花费时间经营、利润率高的特点。

但是，受美国次贷危机引发的雷曼兄弟公司破产的影响，资金停止流入不动产市场，无法继续通过不动产流动化业务将不动产出售给投资基金。而且，由于金融机构实施贷款紧缩政策，无法通过借贷筹措资金。其结果导致众多新兴不动产企业破产，这一点将在后文中详细说明。

另外，这里提到的日本综合地所并未涉及不动产流动化业务，而是以家庭客户市场为主，开展设计等经营性业务。这与高度依赖不动产流动化业务的其他企业有很大的不同。

那么，日本综合地所为什么会破产呢？

让我们从财务数据等角度来解读日本综合地所破产的理由。

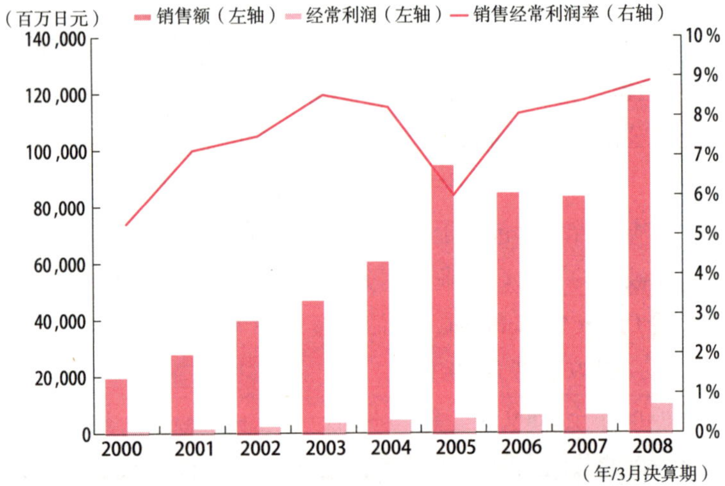

注：2004 年 3 月决算期以前为独立决算，2005 年 3 月决算期以后为合并决算。

图 3－1　日本综合地所的销售额、经常利润、销售经常利润率

极速成长的销售额与利润

日本综合地所于 1999 年 11 月完成场外注册，2001 年 12 月在东证二部上市，2003 年 3 月变更证券交易所为东证一部。图 3－1 是日本综合地所自 2000 年 3 月决算期完成场外注册（场外注册，即企业未在证券交易所登记上市，而是在日本证

券协会注册，由证券交易协会公布企业有价证券的买卖价格、批准发布相关公开信息等，比股票上市的标准松）后到 2008 年 3 月决算期破产前的 P/L 业绩汇总。

从图 3 - 1 中可以看出，从 2000 年 3 月决算期到 2008 年 3 月决算期，销售额暴增 5 倍多，从 197. 39 亿日元增长到 1189. 33 亿日元。

另外，同一时期的经常利润从 10. 43 亿日元增长到 105. 65 亿日元，截至 2008 年 3 月决算期，超过历史最高利润。销售经常利润率也增长至接近 9%。仅从这些数据来看，业绩完全没有问题，属于优秀的成长型企业。

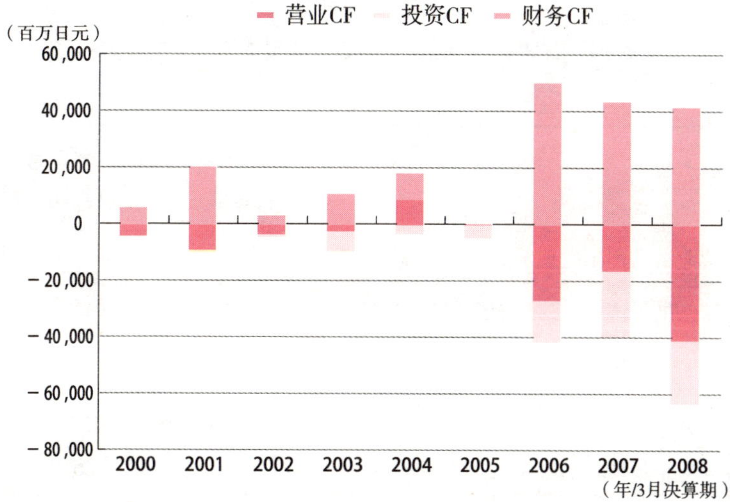

注：2004 年 3 月决算期以前为独立决算，2005 年 3 月决算期以后为合并决算。

图 3 - 2　日本综合地所的现金流变化

持续出现赤字的营业 CF

接着来看日本综合地所的现金流。图 3－2 汇总了日本综合地所 2000 年 3 月决算期至 2008 年 3 月决算期的现金流量数据。

图 3－2 中最值得注意的是营业活动产生的现金流量（营业 CF）。令人感到惊讶的是，图中汇总的 9 个年度决算中，只有 2004 年 3 月决算期的营业 CF 出现黑字，其他年度的营业 CF 均为赤字，2006 年 3 月决算期为－264.75 亿日元，2007 年 3 月决算期为－159.07 亿日元，2008 年 3 月决算期为－406.70 亿日元。

表 3－1　日本综合地所的合并现金流量表摘要（营业 CF）

单位：百万日元

科目	2007 年 3 月决算期	2008 年 3 月决算期
营业活动产生的现金流量		
纳税调整前的当期净利润	6946	9432
折旧费	772	983
……	……	……
销售债权的增减（负数为增加）	－2395	1664
存货的增减（负数为增加）	－21716	－51554
预付费用的增减（负数为增加）	－1988	－49
……	……	……
应付账款的增减（负数为增加）	3114	580

（续表）

科目	2007 年 3 月决算期	2008 年 3 月决算期
……	……	……
预收款的增减（负数为增加）	1284	-1270
……	……	……
小计	**-11830**	**-32807**
利息及红利收入	173	188
利息支出	-2176	-3465
法人税等支出	-2074	-4586
营业活动产生的现金流量	**-15907**	**-40670**

也就是说，在日本综合地所大部分的决算期中，都无法通过营业活动来赚取现金。

并且，2006 年 3 月决算期以后，投资有形固定资产等行为使得投资 CF 也为负数。结果导致 2006 年 3 月决算期以后的自由现金流量（FCF）减少了 400 亿～600 亿日元。

FCF 减少，意味着减少的部分必须通过财务 CF 填补，否则就会陷入资金枯竭的困境。因此，日本综合地所通过借贷和发行公司债筹措资金，填补 FCF 的赤字。

我们再来看一遍日本综合地所的现金流量表。表 3-1 摘录了日本综合地所的合并现金流量表中的营业 CF 部分。从表中可以看出，日本综合地所的营业 CF 之所以大幅减少，是因为存货的大量增加（表中用粗框框住的部分）。该企业在极速成长之余，购入了大量不动产，流出的现金远远超过了销售赚取的现金。

积压在手中的大量销售用不动产

即便如此，如果公寓市场态势良好，也能出售大量不动产。如果能够通过销售回收现金，或许就能继续从金融机构融资。

但是，正如本节开头所述，2008 年至 2009 年不动产市场持续低迷，原本应该成为支撑企业成长资金源的公寓开发用地突然变成了累赘，如果建成的公寓也无法出售，那么存货就无法变现，于是大量公寓开发用地变成了不良库存。

表 3－2　日本综合地所的合并 B/S 摘要（2008 年 3 月决算期）

科目	金额/百万日元	科目	金额/百万日元
（资产部分）		（负债部分）	
流动资产	**179378**	流动负债	**93161**
现金存款	24358	应付票据・赊购账款	17623
应收票据・赊销账款	3040	短期借款	16649
存货	146532	预定 1 年内偿还的长期借款	36778
其他	5448		
		预定 1 年内偿还的公司债	11596
		其他	10516
固定资产	**74867**	固定负债	**119314**
有形固定资产	**65126**	公司债	11766
房屋・建筑物	21266	长期贷款	103730
土地	43052	其他	3818
其他	809	负债合计	**212475**

（续表）

科目	金额/百万日元	科目	金额/百万日元
无形固定资产	1309	（净资产部分）	
		资本金	14120
投资及其他资产	**8431**	资本公积	16237
投资有价证券	4290	累计利润	17644
其他	4141	库存股	5096
		估值调整	1141
		少数股东权益	7
		净资产合计	**41770**
资产合计	**254245**	负债和净资产合计	**254245**

B/S（资产负债表）中也清楚地反映出这一状况。表 3－2 是日本综合地所 2008 年 3 月决算期的合并 B/S 摘要。

首先来看资产部分，流动资产中的存货为 1465.32 亿日元。如前所述，2008 年 3 月决算期的销售额为 1189.33 亿日元，因此存货约等于全年销售额的 1.2 倍。

而且，如果计算第 2 章中提到的存货周转期，周转天数约为 450 日。这种程度的存货已然成为不良资产。

此外，仔细看 B/S 的右侧，就能发现由负债产生的资金筹措的金额之大。流动负债、固定负债中的有息负债（借款和公司债）总额达到 1805.19 亿日元。

从这种情况来看，可以说日本综合地所为了实现业绩增长而购买的公寓开发用地因无法售出而形成不良库存，导致企业资金不足。而且，该企业依赖有息负债筹措资金，受到前文提到的金融机构贷款紧缩政策的影响，无法通过财务 CF 填补短缺的资金，最终陷入资金短缺的困境。

据2009年2月10日的《日经产业新闻》报道，日本综合地所的资金周转陷入僵局，无法向2008年9月建成公寓的总承包人支付款项。该公寓的支付款项为32亿日元，相当于2008年3月决算期计入经常利润金额（105.65亿日元）的1/3，日本综合地所无法周转该笔资金，最终破产。

日本综合地所的社长西丸诚（当时）在记者会上表示："急于追求成长。""经营环境变化太快，我们没有跟上。"虽说该企业公寓的商品力在市场中获得了较高的评价，但是可以说其商务模式无法应对不动产市场的低迷。

新兴不动产企业中经常发生黑字破产

正如前文所述，2008年至2009年众多新兴不动产企业倒闭，第1章中提到的森元公司也是其中之一。

从这些破产的不动产企业的业绩来看，模式千篇一律。下面我们来看看几家在这一时期破产的企业的主要业绩数据。

表3－3 Urban Company的主要业绩数据（合并）

单位：百万日元

3月决算期	2004年	2005年	2006年	2007年	2008年
销售额	51364	57034	64349	180544	243685
经常利润	4813	9480	10678	56399	61677
当期净利润	2670	6456	7869	30039	31127
营业CF	－252	－24995	－32991	－55034	－100019
其中存货的增减（负数为增加）	－7759	－23615	－53635	－99439	－138065

（续表）

3 月决算期	2004 年	2005 年	2006 年	2007 年	2008 年
投资 CF	-1203	-6603	1078	-9064	-11100
财务 CF	-2694	40234	43043	83210	89212
FCF（=营业 CF+投资 CF）	-1455	-31598	-31913	-64098	-111119

表 3-3 是之前提到的 Urban Company 的主要业绩数据。

Urban Company 从事一般的公寓分售业务，但支撑企业成长的原动力是不动产流动化业务。Urban Company 的销售额从 2004 年 3 月决算期的 513.64 亿日元增长至 2008 年 3 月决算期的 2436.85 亿日元，5 年间增长了近 4 倍。另外，2008 年 3 月决算期的经常利润、当期净利润都达到历史最高。

表 3-4　Noel 的主要业绩数据（合并）

单位：百万日元

3 月决算期	2003 年	2004 年	2005 年	2006 年	2007 年
销售额	12807	26527	33608	51846	80493
经常利润	307	472	946	1643	3066
当期净利润	98	245	455	1065	1640
营业 CF	-2469	-1248	-11152	-16040	-13176
其中存货的增减（负数为增加）	-3910	-2405	-13150	-21905	-15585
投资 CF	-273	-216	-172	-320	-294
财务 CF	3317	1647	12117	18387	12322

（续表）

3 月决算期	2003 年	2004 年	2005 年	2006 年	2007 年
FCF（=营业 CF+投资 CF）	-2742	-1464	-11324	-16360	-13470

表 3-5　Landcom 的主要业绩数据（合并）

单位：百万日元

3 月决算期	2003 年	2004 年	2005 年	2006 年	2007 年
销售额	4624	4387	7310	13049	27970
经常利润	93	395	753	1443	2494
当期净利润	9	206	441	804	1582
营业 CF	1281	-335	-1123	-6021	-22738
其中存货的增减（负数为增加）	1421	-747	-2156	-6610	-31078
投资 CF	-78	-37	-701	-206	-2923
财务 CF	-1067	350	2424	6369	25490
FCF（=营业 CF+投资 CF）	1203	-372	-1824	-6227	-25661

注：2005 年 12 月决算期之前为独立决算，2006 年 12 月决算期以后为合并决算。

另外，营业 CF 连续 5 个决算期出现赤字，且负增长的幅度不断扩大，其主要原因是存货（销售用不动产）的增加。

FCF 自始至终都是负增长，为了填补空缺只能依靠财务 CF，尤其是通过借款和公司债筹措资金。而且，Urban Company 持有大量无法销售的存货，无法筹集新的资金，最终于 2008 年破产。

表 3－4 的 Noel（在东证二部上市，2008 年 10 月宣告破产），表 3－5 的 Landcom（在东证二部上市，2008 年 9 月申请适用《民事再生法》）也是同样的情况。

虽然企业规模大小不同，但这些企业在破产前，销售额均极速成长，利润达到历史最高，而且都因存货膨胀导致营业 CF 呈负增长。这些都与引发黑字破产的原因完全一致。众多新兴不动产企业都落入陷阱，最终破产。

为什么众多不动产企业陷入黑字破产的陷阱

以上是一些新兴不动产企业黑字破产的案例。尽管在是否涉足不动产流动化业务方面存在差异，但每家企业破产的结构都一样。这些企业有以下 3 个共同点：

①为了使企业极速成长，将远超经营业务产生的现金投入存货中，结果导致营业 CF 的赤字大幅增加。
②依靠有息负债（借款、公司债）弥补资金空缺。
③依靠不动产销售利润的商业模式。

图 3－3 是基于这些要点，以 B/S 为中心制作的破产结构图。

不动产市场环境好的时候，可以通过有息负债补充资金，但当市场环境恶化，存货无法售出时，情况就会彻底改变。营业 CF 本会呈现负增长，资金不足的状况一直在持续，再加上销售不动产获得的现金减少，现金存款大幅减少。

此外，从以往的资金供给方——投资基金和金融机构获得的投资、融资中断，也导致资金短缺。

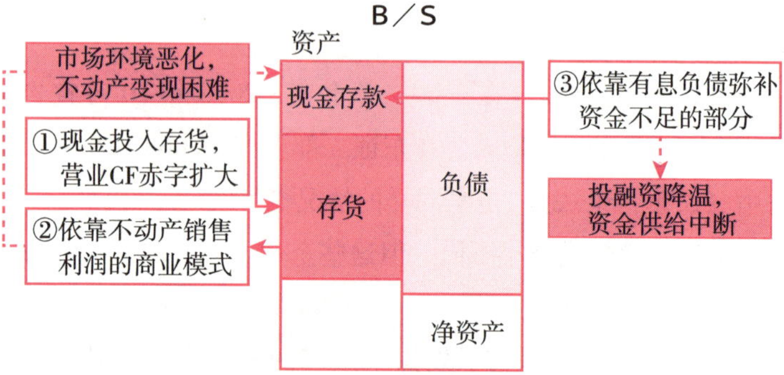

图 3－3　新兴不动产企业的破产结构

这里再补充一些关于已破产的不动产企业和未破产的不动产企业的业务结构中存在的差异。

表 3－6 是大型不动产企业三井不动产业务分部信息的汇总记录。另外，为了进行比较，表 3－7 是前文提到的日本综合地所业务分部信息的汇总记录。

表 3－6　三井不动产的业务分部信息汇总(2008 年 3 月决算期)

百万日元	租赁	分售	竣工工程	中介·受托代销·咨询	受托管理	房屋建材·商品等的销售	设施经营	其他	合计	合并/公司	合并
销售额	477227	382266	194336	88465	131037	108970	50060	20907	1453271	-93247	1360023
营业费用	386561	324456	192436	61870	115540	107799	49791	17003	1255460	-74719	1180740
营业利润	90666	57809	1900	26595	15496	1170	269	3903	197811	-18528	179282
资产	2288639	824969	53845	68060	73292	46072	88311	23999	3467191	167297	3634489

表 3－7　日本综合地所的业务分布信息汇总(2008 年 3 月决算期)

百万日元	不动产销售	不动产租赁	不动产管理	广告宣传	其他	合计	合并/公司	合并
销售额	105074	3767	1720	12516	808	123884	-4951	118933
营业费用	89482	2778	1487	12922	792	107462	-2327	105134
营业利润	15591	989	234	-406	15	16423	-2623	13799
资产	150669	60582	1656	5249	1157	229313	24932	254245

注：合并/公司，该项目为分部信息中的会计项目之一，不能分配给各分部的收益或费用记录在该项目下，如总务、经理等管理部门产生的费用。除收益、费用外，资产中不能分配给各分部的，也记录在该项目下。

看完表 3-6 和表 3-7，两家企业的区别一目了然。三井不动产最主要的利润来源于不动产租赁业务（表 3-6 中用粗框框住的部分）。以东京的日本桥为代表，三井不动产从市中心附近的优质租赁不动产中获得的利润占比较高。

三井不动产的经营利润大约有一半来自不动产租赁业务。即使不动产销售的市场环境恶化，对于位置优越的办公室和店铺等租赁不动产的需求也不会轻易萎缩。

正因为有了这些优质的租赁不动产，不动产租赁业务才能产生丰厚的现金流，三井不动产的经营才得以稳固。另外，三井不动产的分售（不动产销售）业务的销售额和营业利润只占总销售额和营业利润总额的约 3 成。

相比之下，日本综合地所的主营业务是不动产销售（表 3-7 中用粗框框住的部分），不动产销售业务的销售额占总销售额的约 90%。

在这里我想重申一遍，不动产销售业务是一项依靠不动产销售利润的流动型业务，一旦销售遇到困难，资金链就会断裂。从这层意义上来看，可以说这项业务的风险非常大。

日本综合地所从 2016 年 3 月决算期开始致力于不动产租赁业务，但只占总销售额和营业利润总额的很小一部分。从数字上来看，可以说该企业仍然依靠高风险的不动产销售业务获取收入。

许多破产的不动产企业都陷入了这样的恶性循环：在开展高风险业务的同时过度追求成长，承担更高的风险。其结果就是无法适应外部环境的变化——不动产市场环境和融资环境的恶化，最终导致经营破产。

如果这些不动产企业不追求远超自身实力的成长目标，增加不动产租赁业务的比例，如租赁用不动产的存量等，转变为能够稳定产生现金流量的商业模式，那么这些企业就不会破产。

无法收回销售债权导致破产

江守集团的案例

接下来是江守集团（以下简称江守 HD）的案例。江守 HD 的总部设在福井县，是一家经营化学产品和合成树脂等的贸易公司。1994 年 2 月在场外市场登记，2004 年 12 月在日本 OTC 市场上市，2005 年 4 月在东证二部上市，2006 年 3 月变更证券交易所为东证一部。

江守 HD 积极开展国际业务，以中国为初始进军地，另外在东盟各国都设有据点，销售规模迅速扩大。其中，面向中国外部客户的销售额在 2014 年 3 月决算期达到了合并销售额的约 70%。

然而，江守 HD 于 2015 年 4 月申请适用《民事再生法》，并宣告破产。接下来，我们来看看江守 HD 的财务数据，并分析一下它为什么会破产。

中国业务极速成长

图 3－4 汇总了江守 HD 从 2005 年 3 月决算期到 2014 年 3 月决算期的销售额和经常利润。

从图 3－4 中可以看出，2011 年 3 月决算期以后，江守 HD 的销售额急速增长。从 2011 年 3 月以后公布的中国地区的销售额数据来看，销售额增长的主要原因在于中国业务的极速成长。

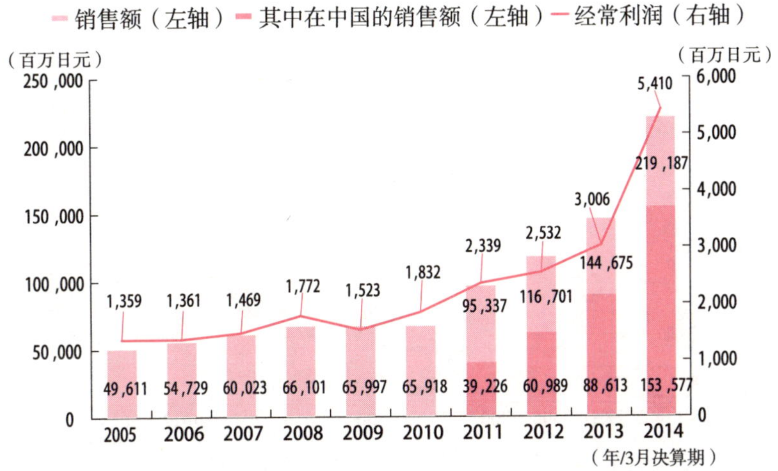

注：在中国的销售额只显示 2011 年 3 月决算期以后的部分。

图 3－4　江守 HD 的合并销售额、经常利润

另外，经常利润也随着销售额的增加而增加，并在 2014 年 3 月决算期达到了 54.10 亿日元，创下历史最高利润纪录。

极速成长下的营业 CF 赤字扩大

接下来，让我们来看看现金流量的数据。

图 3－5 汇总了自 2005 年 3 月决算期到 2014 年 3 月决算期营业 CF、投资 CF、财务 CF 的变化趋势。

从图 3－5 中可以看出，截至 2010 年 3 月决算期，营业 CF 一直徘徊在正负之间，但 2011 年 3 月决算期以后，营业 CF 开始大幅下滑。以这一时期为界限，江守 HD 的经营状况发生了很大的变化。

另外，FCF——营业 CF 和投资 CF 的合计自 2011 年 3 月决算期以后出现了大幅的负增长，企业的经营资金长期不足。因此，江守 HD 利用财务 CF 填补资金空缺。

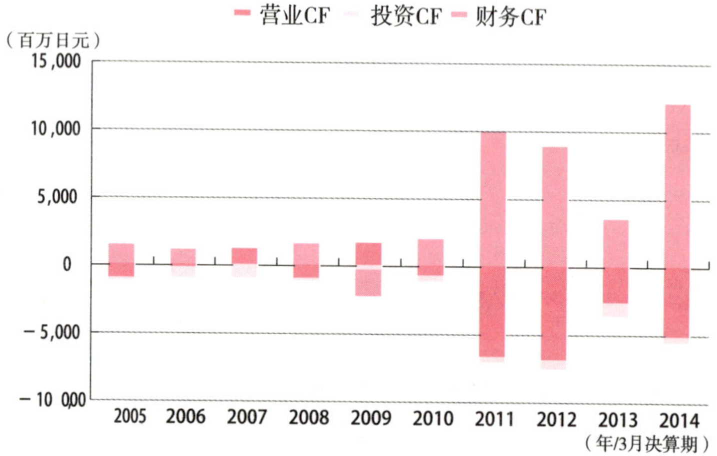

图 3－5　江守 HD 的合并现金流量的变化

销售债权的增加对营业 CF 造成压力

我们来看看更加详细的情况。表 3－8 汇总了江守 HD 经营状况的骤变时期，即 2010 年 3 月决算期以后的主要财务数据。

表 3－8　江守 HD 的主要财务数据（合并）

单位：百万日元

3 月决算期	2010 年	2011 年	2012 年	2013 年	2014 年
营业 CF	-718	-6679	-6916	-2671	-5198
其中销售债权的增减额（负数为增加）	-3580	-7298	-9022	-6244	-15829
投资 CF	-449	-398	-632	-976	-331
财务 CF	1903	9980	8876	3511	12038

①

（续表）

3月决算期	2010年	2011年	2012年	2013年	2014年	
其中短期借款的净增减额（负数为减少）	2742	4881	6138	3188	2041	⑤
其中长期借款产生的收入	–	6000	3461	2307	9955	
其中偿还长期借款产生的支出	－516	－589	－336	－1607	－1215	
其中支付股息红利	－273	－273	－357	－367	－467	
FCF（＝营业CF＋投资CF）	－1167	－7077	－7547	－3647	－5528	
销售债权	18269	24834	33738	43282	68370	
存货	2786	271	6307	7030	5964	
应付账款	10760	12753	13468	17237	22276	
销售债权周转期（日）	101	95	106	109	114	②
存货周转期（日）	15	16	20	18	10	
应付账款周转期（日）	60	49	42	43	37	③
员工人数（人）	992	1073	821	1002	786	④

营业CF出现大幅负增长的原因是销售债权的增加（参考表3－8中用粗框框住的部分）。销售债权的增加超过了利润的增长，营业CF显示负数。最终，江守HD在2015年3月决算期将对销售债权计提的巨额坏账准备（约550亿日元）计入非常损失，并陷入了资不抵债（负债总额超过资产总额）的困境。

但是，销售债权周转期约为100日（参照表3－8中粗框

②的部分)，作为贸易公司，这已经非常长了。另外，从时间顺序来看，虽然有长期化的趋势，但还不至于使大部分销售债权无法回收，造成巨额损失。

可以从应付账款周转期中看出的经营破产的前兆

这里应该注意的是，应付账款周转期从2010年3月决算期的60日缩短至2014年3月决算期的37日（参考表3-8中粗框③的部分)。

关于应付账款短期化引发的状况，有以下两种假设：

①通过提前支付应付账款，降低采购价格。
②由于信用危机等问题，供应商要求提前支付货款。

正如第2章的专栏“会计思考笔记2”所述，提前支付应付账款，意味着供应商能够提前收回销售债权。因此，缩短应付账款支付周期，有时可以作为降价谈判的筹码（假设①)。

但是，这只局限于资金充裕的企业。而像江守HD这样，销售债权的增加会对营业CF造成压力，对于必须依靠借款弥补资金不足的企业，这种假设不成立。

那么情况可能是这样的，供应商不信任江守HD，要求缩短支付期限（假设②)。或许供应商在与江守HD交易的过程中感到不安，并担心自己无法收回销售债权。

我们可以从这些数据中看出交易对象的不安，正是这一点让江守HD在后来计提巨额坏账准备，陷入资不抵债的困境。

两个奇怪的数据

可是，如果仔细查看江守HD的主要业绩数据，就会发现两个奇怪的数据。

首先，员工人数（参考表 3－8 的粗框④）在 2011 年 3 月决算期达到最大值，之后有减少的趋势。2011 年 3 月决算期以后，在销售额和利润不断刷新历史最高纪录的同时，员工人数不断减少，这一点确实很奇怪。但是，考虑到营业 CF 大幅下降，企业无法通过业务赚取现金的状况，可以解释为这是江守 HD 的管理者和员工对经营抱有危机感的表现。

但是，更加奇怪的是财务 CF 的内容（参考表 3－8 中的粗框⑤）。我在这里重申一下，江守 HD 利用财务 CF 填补 FCF 的赤字。关于这一点，可以看出自 2010 年 3 月决算期到 2014 年 3 月决算期的 5 年中，财务 CF 始终为正数。

而且，财务 CF 中有很多借款产生的收入。管理者应该明白，企业长期处于资金不足的状态，只能依靠借款填补资金空缺。

然而，股息的支付金额却在逐渐增加。2010 年 3 月决算期以后，FCF 一直为负。尽管如此，企业仍在支付股息，这就意味着从金融机构筹措的借款也成了股息。而且，从“有价证券报告书”中可以看出这期间的每股股利不断增加，2010 年 3 月决算期为 26 日元，2011 年 3 月决算期和 2012 年 3 月决算期为 32 日元，2013 年 3 月决算期为 38 日元，2014 年 3 月决算期为 58 日元。

实际上，在江守 HD 的大股东中，还有社长江守清隆和（江守 HD 的）创始人所持有的名为江守总业的企业，截至 2014 年 3 月决算期，两者的持股比例合计为 32.92%。因此，在此期间支付的大部分股息［2010 年 3 月决算期至 2014 年 3 月决算期累计约 8 亿日元（估计）］都流向了江守清隆和江守总业。

考虑到员工人数减少，以及为了筹措资金而向金融机构借款的金额逐年增加，管理者应该也意识到江守 HD 的经营状况越发严峻。尽管如此，仍然持续增付股息，即使有人指出创始人家族的管理者优先考虑自己的利益，也是无济于事。

海外子公司的管理疏忽导致黑字破产

实际上，江守 HD 发生黑字破产的原因在于无法回收中国业务的销售债权。在中国，江守 HD 通过事先垫付原材料的采购款，之后连同利息一并回收的“商社金融”业务迅速成长。但是，后来这种交易产生的销售债权变得难以收回。

其原因在于，江守 HD 不能充分管理中国的子公司，未能控制“只考虑销售”的中国子公司（《日本经济新闻》2015 年 5 月 30 日）。

另外，就中国子公司的问题，当地的总经理（中国人）未经批准，从 2005 年开始与亲属所在的企业发生不正当交易。从这一点也可以看出，江守 HD 未能有效管控中国的子公司。

结果如上所述，江守 HD 在 2015 年 3 月决算期的决算中将约 550 亿日元的坏账准备计入非常损失，背负了约 343 亿日元的巨额债务。最终，在销售债权无法收回的情况下，无法利用手头资金偿还借款，在发布 2015 年 3 月决算期的决算前宣告破产。

如果从早期阶段开始严格管理中国子公司的经营，防止管理失控，就不会产生这样的破产闹剧。

不合理的投资导致破产

天马航空的案例

天马航空与江守 HD 一样，于 2015 年破产。我将该企业作为本章的第 3 个案例。

天马航空破产前，即 2014 年 3 月决算期的财务决算出现赤字，严格来讲不属于黑字破产，最终的赤字只有 18 亿日元，且与之前的盈利额相比，损失不算大。另外，该企业此前连续 4 年盈利，因此可以视为黑字破产。

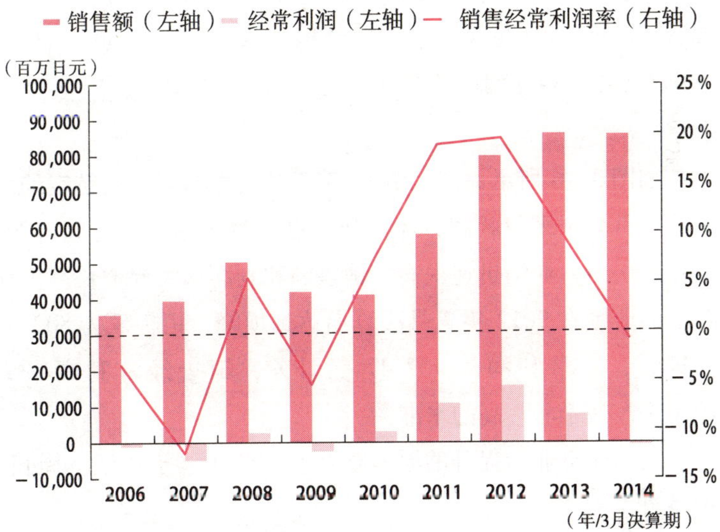

图 3－6　天马航空的销售额、经常利润、销售经常利润率

天马航空（成立时的公司名称为日本天马航空公司）成立于1996年，是HIS的创始人泽田秀雄在日本设立的第一家航空公司。

天马航空成立后业绩持续低迷，2000年5月在东证玛札兹上市，2004年1月IT企业创始人西久保慎一就任社长后，业绩才逐渐有所改善。

2013年11月变更证券市场为东证一部，继ANA、JAL之后再现航空风云。

但是，在2015年1月，即西久保就任社长10年后，天马航空申请适用《民事再生法》。天马航空究竟为什么会破产？下面让我们一探究竟。

高利润企业天马航空

图3－6汇总了西久保就任社长后，自2006年3月决算期到破产前的2014年3月决算期的销售额、经常利润、销售经常利润率（没有制作合并财务报表，只有独立决算的数字）。

如图3－6所示，截至2010年3月决算期，天马航空的销售额一直处于平稳状态，经常利润也在盈利和亏损之间徘徊，但在那之后，业绩迅速提高，销售额和利润均大幅增长。天马航空的业绩在2012年3月决算期达到顶峰，销售额为802.55亿日元，经常利润为157.47亿日元，销售经常利润率为19.6%，处于非常高的水准。

天马航空业绩提升的原因有以下3点（《东洋经济周刊》2015年2月14日）：

①截至 2010 年 3 月决算期，归还所有波音 767，并将机型统一为小型波音 737，这样做不仅提高了搭乘率，而且减轻了维修和零部件的费用。
②让乘务员兼职地面工作和机舱清洁，削减人工费用。
③日元升值，减轻了燃油费和以美元计价的设备租赁费。

企业的努力经营，加上日元升值等外部环境因素的影响，让天马航空变成一家高利润企业。

A380 的购买合同

此时，西久保先生决定勇往直前。2010 年 11 月，天马航空宣布引进欧洲航空巨头空中客车公司生产的大型客机“A380”，并打算于 2014 年进军国际航线。在那之后，天马航空于 2011 年 2 月正式签署了购买 6 架 A380 的合同。A380 又被称为“飞行中的酒店”，共有两层，可容纳 850 人，是世界上最大的超大型客机。

2011 年 3 月决算期的有价证券报告显示，A380 的预计投资总额为 1558. 98 亿日元。考虑到当时天马航空的总资产为 373. 55 亿日元，以及将要开辟的国际航班业务，这对当时的天马航空来说无疑是一个非常重大的决策。

然而，这个决策最终导致了天马航空破产。

业绩中出现的异常

天马航空决定引进空中客车公司的 A380 时，其销售额和利润都有所上升。

但是，在 2012 年 3 月决算期达到顶峰后，利润大幅下滑，销售额也停止增长。

2012 年，天马航空的业绩达到顶峰。同年，日本的 LCC（Low - cost Carrier，廉价航空公司）开始通航。乐桃航空、捷星日本、亚航日本于 2012 年 3 月、7 月、8 月相继开通国内航线。虽然天马航空以低廉的价格在航空业中占有一席之地，但逐渐失去了优势。

到了 2013 年，日元再度贬值，2012 年的汇率为 1 美元兑换约 80 日元，而 2013 年年末的汇率为 1 美元兑换约 100 日元，导致燃油费和以美元计价的机械材料租赁费增加。

在这两个因素的共同作用下，天马航空的销售额停滞不前，利润下滑。5 年后，即 2014 年 3 月决算期的营业利润、经常利润、当期净利润均出现了赤字。

现金流量中的异常

在这里，我们来看一下天马航空的现金流量状况。

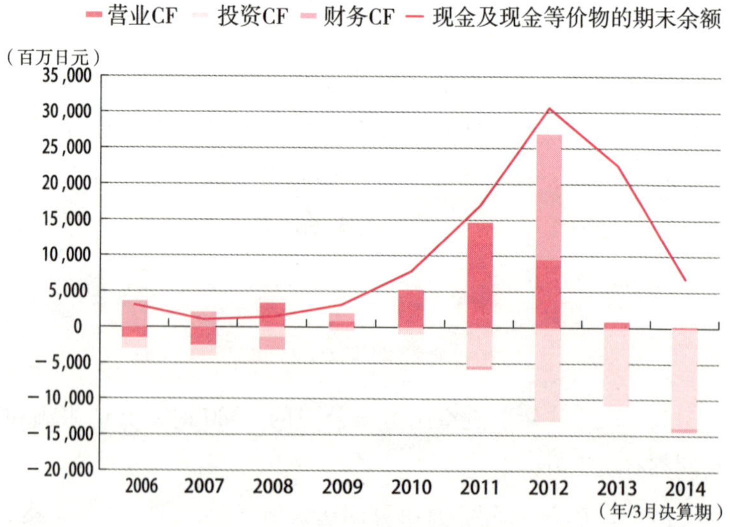

图 3－7　天马航空的现金流量和现金余额的变化

图3－7汇总了天马航空2006年3月决算期至2014年3月决算期的现金流量数据和现金及现金等价物的期末余额的变化情况。

首先，截至2009年3月决算期，营业CF与P/L的损益一样，徘徊在正负之间。但是，2010年3月决算期后，由于机型统一为波音737，业绩大幅上升。2011年3月决算期的营业CF增加到148.25亿日元，达到顶峰。

但是，从那以后，营业CF开始下滑，2014年3月决算期跌至3.55亿日元，增长率几乎为零。

不过，此时的营业CF依然为正数。让天马航空的现金状况出现重大危机的是投资CF。

2011年3月，天马航空决定引进6架A380后，投资CF出现严重的负增长。2010年3月决算期的投资CF为－9.03亿日元，2011年3月决算期为－53.02亿日元，2012年3月决算期为－131.25亿日元，2013年3月决算期为－139.2亿日元，自2012年3月决算期以后，每年流出的现金超过100亿日元。

财务CF在2012年3月决算期增加了175.71亿日元，但这是股票增资（公募增资和第三方定向增资）带来的收益。除此之外，财务CF没有太大的变动。

虽然本书中没有记录，但从天马航空的B/S来看，天马航空属于无借款经营。一般来说，从财务安全性的角度来看，无借款经营是个不错的选择，但天马航空却事与愿违。由于天马航空没有经常交易的银行，所以很难通过金融机构筹措资金。而且，由于波音737等的机械材料都是租赁的，因此无法以航空器材作为担保进行贷款。

结果导致2012年3月决算期306.48亿日元的充裕现金余额在2014年3月决算期减少到70.65亿日元。

对于 A380 的过度投资

关于对 A380 的投资，这里再详细说明一下。表3－9 汇总了天马航空披露的 A380 的相关投资额以及投资 CF。

表3－9 天马航空的 A380 相关投资额的变化

单位：百万日元

3 月决算期	2011 年	2012 年	2013 年	2014 年
投资 CF	－5302	－13125	－10855	－13920
其中与 A380 的相关投资额	－1559	－8779	－5766	－10382
A380 相关投资额的比例	29.40%	66.90%	53.10%	74.60%

注：A380 的相关投资额中，除了对 A380 的投资，还包含对飞行模拟器的投资。

如表3－9 所示，A380 的相关投资额在 2011 年 3 月决算期为 15.59 亿日元（占投资 CF 的 29.40%），而在 2012 年 3 月决算期达到 87.79 亿日元（占比为 66.90%），2013 年 3 月决算期达到 57.66 亿日元（占比为 53.10%），2014 年 3 月决算期达到 103.82 亿日元（占比为 74.60%）。因此可以看出，2012 年 3 月决算期以后，大部分的投资都与 A380 有关。

如果能够维持 2011 年 3 月决算期业绩高峰，那么这些投资完全可以通过营业 CF 来填补，但业绩低迷的天马航空没有足够的营业 CF 支撑这些投资。结果导致原本充裕的资金大幅缩水。

A330 的引进和盈利性

在这种情况下，天马航空于 2014 年开始陆续引进空中客车公司的 A330，投入国内航线。A330 的座椅比普通经济舱的座椅更宽，在舒适性上与其他机型有所区别。随着 A330 的引进，天马航空推出了新的限时制服——迷你超短裙，并一度成为话题。

但是，由于天马航空与 LCC 等其他企业的竞争日趋激烈，未能增加 A330 的乘客数量，使得搭乘率陷入低迷。而且，A330 的运航成本高于过去使用的波音 737，反而增加了盈利压力。

走向破产

天马航空陷入资金周转的困境后，未能支付原定于 2014 年 4 月支付的 A380 的 8 亿日元预付款。

其结果就是，空中客车公司于 2014 年 7 月 29 日向天马航空发出解除合同的通告，同时要求天马航空支付约 7 亿美元（按当时汇率换算，约 710 亿日元）的违约金。

在通告发出后的第二季度报告书中，附有“关于存续企业的前提事项的附注”（也称为“继续经营附注”或“GC 附注”）。本章的专栏“会计思考笔记 3”中会对这一附注进行详细说明，这是对天马航空持续经营中存在重要问题作出的补充说明。

西久保在后来表示：“（在 2015 年 3 月决算期的第二季度决算中）审计法人附上了继续经营附注。这样一来，既不能增资也不能贷款，随即在很短的时间内便破产了。”（《JBPress》2018 年 7 月 13 日，括号内为作者的补充）。

最终，这一 GC 附注成为破产的决定性因素。在那之后，天马航空提出了与 JAL 和 ANA 联合运营的计划，以及以这一计划为基础，通过投资基金筹措资金的方案，但谈判进展缓慢，天马航空陷入了资金周转的困境，并于2015年1月28日申请适用《民事再生法》。

为什么没能制止盲目的投资决策

引进A380的决定，显然超出了天马航空的能力范围，是一项盲目的投资决策。为什么会有这样的投资决策呢？西久保先生这样说道：

> “那是场（引进A380的决策）彻头彻尾的失败。原本是我提出的方案，但在规划阶段就应该停止。我进行了一场简单粗暴的内部改革，然后企业开始好转，这也使得几乎所有员工都不敢反抗我。辞去社长的职位后才幡然醒悟，那时的我就像是穿着‘皇帝的新衣’。”
>
> （引自《JBPress》，括号内是作者的补充）

关于这一点，有数据可以证明西久保先生在公司内部的实力。表3-10汇总了西久保先生为天马航空投入的私人财产金额。

从表3-10中可以看出，西久保先生在就任社长前，从2003年10月的第三方定向增资开始，不断接受增资和融资，并将自己创办的IT企业上市时获得的资金全部投入天马航空。最终，累计金额达到了108亿日元。

表3-10

时期	增资、融资的内容	金额/百万日元
2003年10月7日	第三方定向增资（6.7万股）	3000

（续表）

时期	增资、融资的内容	金额/百万日元
2005 年 9 月 1 日	第三方定向增资（473.4 万股）	2850
2007 年 3 月决算期	融资	3100
2008 年 11 月 21 日	第三方定向增资（1000 万股）	1150
2015 年 3 月决算期	融资	700
合计		10800

这一金额体现了西久保先生经营天马航空的决心之大，由此可以推断西久保先生在天马航空内部的影响力非常大。

西久保利用高明的手段重整了资不抵债的天马航空，并且倾尽私囊苦心经营。面对这样的西久保，企业内部很难提出反对意见。结果就出现了“（西久保先生）提出引进 A380 时，没有人提出反对”的情况。

如何避免黑字破产

现金管理的重要性

截至目前，我们已经看过了日本综合地所、Urban Company、Noel、Landcom、江守 HD、天马航空等企业黑字破产的案例。这些企业的案例表明，现金管理对于维系企业的生命线来说至关重要。关键在于严格判断现金是否充足（是否足够继续开展业务），然后再作出各种决策。

无论 P/L 上有多少盈余，如果现金管理不善，没有足够的资金用于支付，那么企业随时会破产。因此，企业必须非常仔细地进行现金管理。

企业经营伴随风险

但是，难点在于有时积极果断的经营和鲁莽的经营很相似。从前文的案例中可以看出，许多发生黑字破产的企业直到破产前业绩依旧良好。如果这些企业没有破产，或许能够凭借积极果断的决策成为万众瞩目的高成长企业。

成功的企业经营往往伴随着风险。在经营中规避风险，结果业绩一落千丈的企业不在少数。想要平衡其中的利害关系实属不易。

关于这一点，HIS 和天马航空的创始人泽田在天马航空破产后接受采访，针对引进 A380 的决策做出了以下陈述：

“的确，LCC 还没有进入市场，因此不会面临竞争，利润还有可能上涨，这一决策只能算是半对半错吧。”

（《东洋经济周刊》2015 年 2 月 28 日）

如果天马航空没有受到 LCC 的崛起和日元贬值等外部因素的干扰，那么这一决策很可能被视为一项果断的挑战。然而，泽田在那次采访中还表示：

“原本正处于最好的阶段，因此不能放松警惕，必须考虑最坏的情况。航空公司需要考虑日元贬值、燃料费、LCC 的崛起等外部环境恶化的情况。如果能够想到这些情况，就不会作出那个决定。”

持续保持挑战精神，考虑最坏的情况，并采取在最坏的情况下也不会导致企业破产的措施。管理者必须拥有这两种看似互相矛盾的态度。

应该如何启动经营检查功能

话虽如此，但个人的力量是有限的，不能完全依靠管理者。

例如，天马航空的西久保先生在采访中谈到破产前自己对企业的看法时曾说过：“要说粗心也是太粗心了，在被要求支付违约金之前，我没有想过会破产。”（引自《JBPress》）与此同时，泽田表示：“（对于引进 6 架 A380）知道这件事后，我觉得有些过分了。天马航空没有能力支付上千亿日元。”（引自《东洋经济周刊》，括号内为作者补充的内容）

我在这里想指出的并不是西久保的管理能力不如泽田。西久保能够让自己创办的 IT 企业上市，也成功逆转了天马航空的营业劣势，说明他的管理手段相当不错。尽管如此，在破产前 6 个月，他并没有意识到自己的企业可能会破产，这一事实说明个人管理者的能力有限，同时说明需要借助旁人的眼睛检查企业的经营管理。

例如，赋予董事会监督经营决策的职能就是一种十分有效的方法。此外，通过网络获取其他管理者的建议，强化与金融机构的关系，选择主要的往来银行，也是加强经营检查功能的关键。

会计思考笔记 3　以企业持续经营为前提的附注

查看企业的有价证券报告书，就能看到“以企业持续经营为前提的附注”（以下称为 GC 附注）。企业的财务报表原本就是以未来持续经营为前提（持续经营的前提）制作的。

根据日本注册会计师协会公布的审计与担保实务委员会第 74 号报告“有关持续经营前提的公示”，若“存在令持续经营的前提出现重大疑义的事项或情况”且“采取对策消除或改善该事项或情况，但持续经营的前提仍存在重大不确定性”，则需要 GC 附注。

另外，即使未公开这一附注，在出现“存在令持续经营的前提出现重大疑义的事项或情况”时，也必须在有价证券报告书的“业务等的风险”和“财务状况、经营业绩及现金流的情况分析”中记录其主旨及内容（以下称为“重要事项的记录”）。

如表 3 - 11 所示，这里列举了重要事项的示例。

表 3 - 11　重要事项的示例

分类	示例
与财务指标的关系	销售额显著减少 持续出现营业损失或营业 CF 为负 计入重大营业损失、一般损失或当期净损失 计入重要营业 CF 损失 债务超过

（续表）

分类	示例
与财务活动的关系	偿还营业债务困难 不履行借款的偿还条款或履行困难 公司债等偿还困难 筹措新资金困难 债务免除的请求 处置预定出售的重要资产存在困难 推迟或中止对优先股的分红
与经营活动的关系	主要供应商拒绝提供信贷或拒绝继续交易 丧失重要市场或老客户 业务活动中必不可缺的权利失效；人才流出；重要资产的损毁、丧失或处置 重要业务受到法令制约
其他	负担巨额损害赔偿金的可能性 品牌形象显著恶化

资料来源：作者根据日本注册会计师协会“有关持续经营前提的公示”（审计与担保实务委员会第 74 号报告）制作而成。

可以说这些示例阻碍企业业务持续发展的可能性很大。

在本章提到的天马航空的案例中，正如西久保所说，一旦加上 GC 附注，一般情况下很难进行新的增资或融资。因此，GC 附注相当于向该企业的持续经营出示了红牌。

为了避免误解，我再补充一下，制作财务报表是管理者的责任。因此，对于企业来说，应该由管理者来评价持续经营的前提是否适当，也应该由管理者来决定是否添加 GC 附注。

因此，前面西久保先生称“审计法人附上持续经营的附注”的发言未必正确。但是，如果审计法人表示“不添加 GC

附注，就不能发表审计意见”，那么无论管理者多么不情愿，也不得不加上 GC 附注。在这样的情况下，管理者会觉得自己“被迫添加 GC 附注”。

话说回来，GC 附注中需要记录以下 4 点：

①该事项或情况存在的主旨及其理由。

②消除或改善该事项或情况的对策。

③该重要不确定性被认可的主旨及其理由。

④财务报表是以持续经营为前提编制的，为何该重要不确定性的影响未在财务报表中反映。

例如，在本章中提到的天马航空 2015 年 3 月决算期第二季度报告的 GC 附注中，除了业绩和现金余额，以及 A380 的违约金等情况，还记录了采取怎样的对策方案，如果不确定性依然存在，其理由是什么，以及不确定性的影响为何没有在财务报表中反映出来。

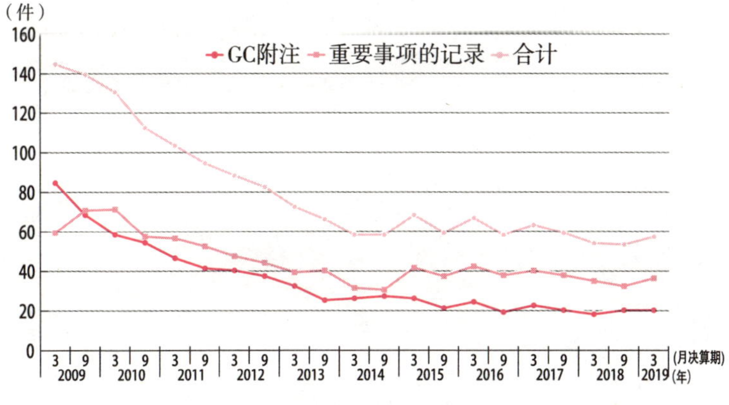

注：9 月决算期是第二季度决算（中间决算）。

资料来源：东京商工调查“2019 年 3 月决算期决算上市企业‘有关持续经营前提的附注’调查”由作者制作完成。

图 3－8 GC 附注、重要事项的记录数量变化（3 月决算期决算的企业）

根据东京商工调查公司的调查，GC 附注和重要事项的记录数量从 2009 年 3 月决算期开始持续减少，2014 年 3 月决算期以后数量维持在 60 件左右。如果将 2019 年 3 月决算期存在 GC 附注或记录重要事项的 58 家企业按原因进行分类，其中 49 家企业（占比 84.5%）是因为“主营业务不振”，即销售额减少和发生亏损等，8 家企业是因为“资金周转・筹措困难”（占比 13.8%）。

另外，2010 年以后破产的 30 家上市企业中，有 28 家企业在破产前的决算中记录了 GC 附注或重要事项。因此，记录 GC 附注和重要事项可以说是破产的重要信号。

第3章的总结

◎黑字破产的原因分为3种：①存货（不良库存）增加；②销售债权（应收票据、赊销账款）无法回收；③不合理投资。

◎雷曼危机后新兴不动产企业破产的主要原因是销售用不动产的滞销。

◎江守HD因无法回收中国业务的销售债权而倒闭。

◎天马航空由于超出自身能力的投资（引进A380），导致资金周转不灵。

◎管理者既要有积极果断地进行经营的挑战精神，也要能够考虑到最坏事态发生的风险，并采取相应的措施。

第4章

识别财务造假的手段

——不会被『危险决算』所欺骗的财务报表的解读方法

财务造假的手段都有哪些

为了识别财务造假

本章将会介绍各种财务造假的手段。在此之前，我们先来确认一下财务造假的理由。从利益相关者的角度来看，财务造假的目的是隐藏“不便透露的真相”。例如以下几种理由：

①为了维持股价，让投资者看到更好的业绩。
②为了确保上市企业不触及股票市场的退市标准。
③让银行等金融机构看到更好的业绩。

在所有案例中，财务造假的目的都是掩饰业绩，但这种“扭曲”会在财务报表中展现。为了不被财务造假蒙蔽，关键在于识别这些扭曲。本章中详细介绍了如何利用第1章、第2章中提到的技巧识别这些扭曲。

财务造假的三种模式

财务造假的方法有很多种，其模式大致分为以下三种：

①夸大P/L（利润表）上的销售额和利润。
②虚增现金流量表上的营业CF。
③虚构B/S（资产负债表）上的净资产，以显示强大的财务基本盘。

第一种模式是夸大P/L上的销售额与利润。近年来，尽管人们逐渐认识到现金流量在评估企业业绩时的重要性，但依然无法撼动 P/L 的地位。因此，许多企业仍然夸大 P/L 上的销售额和利润。

第二种模式是虚增现金流量表上的营业 CF。这一点稍后再进行详细说明，但是在 OTC 市场，如果营业利润和营业 CF 连续 5 年为负，便会触及退市标准。这样一来，营业利润和营业 CF 连续 4 年为负的企业为了防止退市，就有了粉饰营业 CF 的动机。

此外，在第一种模式中介绍过的夸大 P/L 上营业额和利润的企业中，尽管 P/L 上的营业额和利润急剧增加，但由于销售债权过高，营业 CF 经常会呈现巨额赤字。如果这种情况持续很久，投资方就会对业绩产生疑问。于是，就出现了虚增营业 CF 的粉饰行为。

第三种模式是虚构 B/S 上的净资产，以显示强大的财务基本盘。通常情况下，上市企业连续两个年度陷入资不抵债的状态，就会触及退市标准，必须退市。于是，就出现了虚增 B/S 上的净资产，掩盖资不抵债的粉饰行为。这种粉饰行为的目的是抬高陷入经营危机的企业股价。

关于这些粉饰手段和案例，我将在下一节之后详细说明。

夸大销售额与利润的粉饰手段

夸大销售的同时虚增利润

首先来看通过虚增 P/L 上的销售额或虚减费用等方法夸大利润、美化业绩的粉饰行为。

虚增销售额的手段有篡改订单和提前计入销售额等。在东芝财务造假案中，出现了恶意利用工程进度标准（根据项目进度按周期记账的方法），将销售额和利润提前入账的行为。

像这样虚增销售额和利润的手段还有很多，但这些手段有一些共同点，如计入虚构的销售额，或将原本应在下一周期计算的销售额提前入账。

我们通过以夸大计算销售额为主的企业案例，来看看这些企业的财务报表会出现怎样的状况。

OHT 虚增销售额的案例

这里列举的案例是在东证玛札兹上市的电气检查装置制造商 OHT。据 2008 年 6 月 6 日的《日本经济新闻》报道，OHT 因疑似虚增 2006 年 4 月决算期的营业额，将决算赤字伪装成黑字，被证券交易所等监视委员会采取强制调查措施。

表 4－1　OHT 的主要业绩数据（合并）

单位：百万日元

4 月决算期	2002 年	2003 年	2004 年	2005 年	2006 年
销售额	1930	2242	3086	4030	4952
经常利润	63	106	121	135	268
当期净利润	30	55	56	69	153
营业 CF	－597	－234	－480	－744	－278
投资 CF	－30	－29	－202	－200	－397
财务 CF	74	416	575	910	1090
FCF（＝营业 CF＋投资 CF）	－627	－263	－682	－945	－675

我们先来确认表 4－1 中 OHT 的主要业绩数据。如表 4－1 所示，OHT 的销售额从 2002 年 4 月决算期的 19.3 亿日元，增加至 2006 年 4 月决算期的 49.52 亿日元。虽然营业额数据不如第 1 章中提到的 FOI，但也增长了一倍以上。

此外，同一时期的经常利润从 6300 万日元增加至 2.68 亿日元，当期净利润从 3000 万日元增加至 1.53 亿日元。

另外，现金流量数据中的营业 CF 和 FCF（＝营业 CF＋投资 CF）连续 5 年为负。

也就是说，企业陷入了慢性资金不足的状态，必须依靠财务 CF 填补空缺。事实上，连续 5 年的 FCF 累计金额为－31.92 亿日元，而同期的财务 CF 累计金额为 30.65 亿日元，财务 CF 几乎能够填补 FCF 的空缺。这一结构和第 1 章中提到的 FOI 相同。

接着来看表 4－2 中列出的 OHT 营业 CF 数据。

表 4－2　OHT 的合并现金流量表摘要（营业 CF）

单位：百万日元

科目	2005 年 4 月决算期	2006 年 4 月决算期
营业活动产生的现金流量		
纳税调整前的当期净利润	101	268
折旧费	30	53
……	……	……
销售债权的增减（负数为增加）	－616	322
存货的增减（负数为增加）	－340	－1186
其他流动资产的增减（负数为增加）	－13	－10
应付账款的增减（负数为增加）	58	280
……	……	……
小计	**－680**	**－212**
利息及红利收入	0	0
利息支出	－30	－23
法人税等支出	－35	－44
营业活动产生的现金流量	**－744**	**－278**

从表 4－2 中可以看出，2005 年 4 月决算期的销售债权增加了 6.16 亿日元（现金流量减少相应数额），存货也增加了 3.40 亿日元（现金流量减少相应数额）。2006 年 4 月决算期的销售债权减少了 3.22 亿日元，但存货的增长幅度变大，增加了 11.86 亿日元。由于销售债权累计过多，该企业很可能虚增了存货，以代替减少销售债权，从而虚增销售额和利润。

B/S 的详细数据就不多说了，2006 年 4 月决算期的应收票据、应收账款为 23.9 亿日元，存货为 25.76 亿日元。如果利用这些数据计算周转期，则销售债权周转期为 176 天，存货周转期为 190 天。据日本政策投资银行的《各产业财务数据手册 2018》，产业用电气设备制造业的销售债权周转期平均约为 3 个月（约 90 天），存货周转期的平均值约为 2 个月（约 60 日），因此，虽然不如 FOI，但可以说 OHT 的销售债权和存货过多。

OHT 通过虚增这些资产，粉饰 P/L 上的销售额和利润，但企业的实际经营状况会体现在现金流量表上。

如何识别夸大销售额

根据 FOI 和 OHT 的案例，虚增销售额的企业的财务报表中有以下 3 个特征：

①销售额和利润急速增长。
②营业 CF 长期为负，主要原因是销售债权和存货的增加。
③销售债权周转期和存货周转期超过同行业平均水平。

如果大多数财务造假的目的是更好地展示企业的收益性和成长性以便筹集资金，那么财务造假的结果就是增加 P/L 上的销售额和利润。

但是，作为虚构销售额的代价，无法回收的销售债权形成滞留、积压。另外，用存货替代销售债权，同时为了虚减销售成本而计入过多的存货（关于这一点会在之后的章节详细说明），那么存货的金额也会过大。其结果就是，销售债权周转期和存货周转期变得长期化。

另外，这些销售债权和存货都是虚构的，不可能产生现金。因此，营业 CF 也会持续为负，为了填补资金空缺，必须筹措资金（用财务 CF 填补营业 CF 的空缺）。而且，为了筹集新的资金，必须让销售额和利润持续增长。其结果导致企业陷入虚构的销售额不断增加，粉饰规模不断扩大的恶性循环。为了识别这种夸大销售额、虚增利润的粉饰行为，最重要的是检查营业 CF、销售债权、存货是否存在异常。

虚假循环交易是什么

近年来使用最频繁且从外部难以识破夸大销售额的手段是“虚假循环交易”。所谓虚假循环交易（如图 4－1 所示），是指与多个供应商重复交易商品。

近年来，以东证一部上市的 Net One Systems 公司为主导，出现了面向政府机关的虚假循环交易。除日铁软件、东芝 IT 服务、富士电机软件、Mizuho－Toshiba Leasing 外，许多非上市 IT 企业也参与了这项交易，交易总额至少超过了 400 亿日元（《日本经济新闻》2020 年 1 月 25 日）。

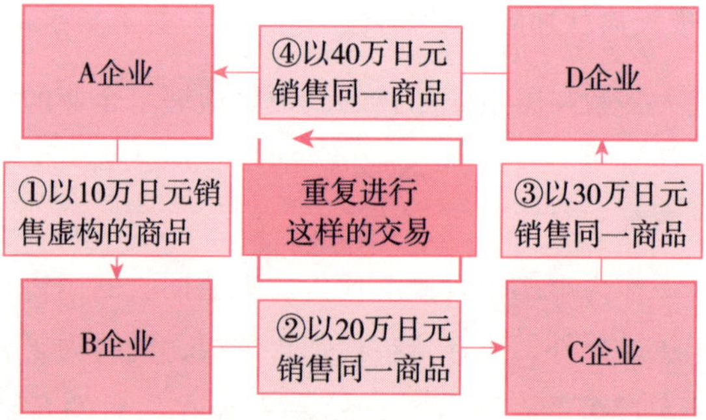

图 4－1　虚假循环交易

虚假循环交易的目的是通过交易夸大销售额，虚增利润，因此销售价格必须高于购入价格。这样一来，每次重复交易，同一虚构商品的价格都会以 10 万日元、20 万日元、30 万日元、40 万日元……的方式不断增加，交易金额也越来越大。

存在虚假循环交易的企业，其交易产生的销售金额不断扩大，销售额看似迅速增加。因此，即使这类企业看起来像高成长的企业也不足为奇。

如何发现虚假循环交易

尽管虚假循环交易是常见的粉饰手段，但其难以被发现的原因在于虚假循环交易的对象是真实存在的，多数情况下也会结算销售货款。此外，如果与客户统一口径，伪造交易文件，甚至伪造交易和库存，就很难被发现。

但是，如果参与虚假循环交易的企业中有一家经营不善，资金循环中断，那么循环交易的模式也会突然被破坏，导致巨额的销售货款无法收回。很多财务造假就是这样浮出水面的。

另外，在虚假循环交易的金额不断扩大的过程中，也有审计和内部通报发现不正当行为，导致虚假循环交易框架破裂的案例。

在前文中提到的 Net One Systems、日铁软件、东芝 IT 服务参与的案件中，因国税厅指出“存在无法确认交货真实性的交易”，才使得虚假循环交易浮出水面（《日本经济新闻》2020 年 1 月 22 日）。

存在虚假循环交易的 IXI 的案例

下面的案例是从事信息服务行业的 IT 企业 IXI。IXI 于 2004 年 3 月在东证二部上市，但审计法人在 2006 年 9 月的中期决算中发现有董事等干部参与虚假循环交易，并于 2007 年 1 月 21 日向大阪地方法院申请适用《民事再生法》。

此外，该企业的管理层因涉嫌违反金融商品交易法被捕，并被判有罪。

正如前文所述，在虚假循环交易的客户真实存在，且实际结算销售货款的案例中，多数情况下很难从外部发现粉饰行为，那么，接下来我将针对利用财务报表等数据识别虚假循环交易的要点进行解说。

IXI 的主要业绩数据

首先来看 IXI 的主要业绩数据。表 4 – 3 汇总了 2002 年 3 月决算期到财务造假被发现前的 2006 年 3 月决算期的损益和现金流量数据。

从盈亏情况来看，销售额从 2002 年 3 月决算期的 25. 91 亿日元增加到 2006 年 3 月决算期的 403. 35 亿日元。另外，同期的经常利润从 5. 6 亿日元增加到 32. 76 亿日元，当期净利润从 3. 02 亿日元增加到 17. 86 亿日元。从这些数据来看，销售额和利润均大幅增长，业绩似乎没有问题。

表 4 – 3　IXI 的主要业绩数据（合并）

单位：百万日元

3 月决算期	2002 年	2003 年	2004 年	2005 年	2006 年
销售额	2591	5525	11347	17629	40335
经常利润	560	653	878	1389	3276
当期净利润	302	345	499	770	1786
营业 CF	– 142	– 528	412	784	– 1371
投资 CF	– 625	– 479	– 665	– 1186	– 1548
财务 CF	698	877	2370	816	4593
FCF（ = 营业 CF + 投资 CF）	– 767	– 1007	– 253	– 402	– 2918

现金流量方面似乎有些小问题。营业 CF 在 5 年中有 3 年为负，2006 年 3 月决算期的营业 CF 亏损额达到了 13.71 亿日元。

接着来看看 FCF。FCF 连续 5 年为负，并且在 2006 年 3 月决算期创下了 29.18 亿日元的最高赤字纪录。

其结果就是，IXI 的现金流量长期不足，必须通过财务 CF 填补空缺。也就是说，必须通过借款和增资来弥补现金空缺。

另外，这 5 个年度的财务 CF 累积筹措的资金金额达到了 93.54 亿日元，远远超过了 FCF（包括投资在内的必要现金金额）5 个年度的累计金额 -53.47 亿日元。由此可以推测，IXI 为了弥补营运资金的不足，不得不四处筹措资金。

由此可见，即使是 IXI，盈亏和现金流量的数据之间也存在很大的差距。从盈亏来看，IXI 是一家优秀的企业，但从现金流量中可以看出 IXI 急于筹措资金。这一差距是人们最初对 IXI 的决算产生疑问的关键，这一点与其他存在粉饰行为的企业案例相同。

但是，由于初创企业和实际业务快速增长的企业对资金的需求较大，营业 CF 和 FCF 暂时呈负增长的情况并不少见。因此，仅凭营业 CF 和 FCF 的负增长不足以判断企业存在粉饰行为。

IXI 的现金流量表

关于 IXI 的现金流量，我再详细说明一下。

表 4-4 是从 IXI 的现金流量表中摘录的营业 CF。在营业 CF 中，尤其突出的是用粗框框住的部分，即“销售债权的增减”及“存货的增减”的巨额赤字。IXI 的粉饰行为是虚构销售额。这种虚构销售额的本质是凭空创造现金，最终造成存货

（库存）和销售债权（应收票据和赊销账款）堆积。

表 4 – 4　IXI 的合并现金流量表摘要（营业 CF）

单位：百万日元

科目	2005 年 3 月决算期	2006 年 3 月决算期
营业活动产生的现金流量		
纳税调整前的当期净利润	1395	3275
折旧费	511	303
……	……	……
销售债权的增减（负数为增加）	–1379	–3077
存货的增减（负数为增加）	–1082	–3381
应付账款的增减（负数为减少）	1692	2386
其他	129	–69
小计	**1293**	**–524**
利息及红利收入	0	0
利息支出	–24	–32
法人税等支出	–485	–815
营业活动产生的现金流量	**784**	**–1371**

但是，在类似 IXI 参与的虚假循环交易中，如果实际结算销售货款，那么销售债权和存货的增加额将因虚假循环交易产生手续费（进行虚假循环交易时追加的利润部分）。

因此，与上文提到的 OHT 和第 1 章中提到的 FOI 等只虚构销售额的企业相比，IXI 的虚假循环交易所产生的销售债权和存货的增加额增长缓慢，更难以被发现。

IXI 的 B/S

我们再来看看 IXI 的 B/S。表 4－5 是 IXI 合并 B/S 的资产部分的摘要。

表 4－5　IXI 的合并 B/S 摘要（资产部分）

单位：百万日元

科目	2005 年 3 月决算期	2006 年 3 月决算期
（资产部分）		
流动资产	**8738**	**16990**
现金存款	2779	4452
应收票据·赊销账款	2843	5920
存货	3052	6433
其他	64	184
固定资产	**1813**	**2986**
有形固定资产	**1193**	**2523**
房屋附属设备	26	23
飞机	1133	1004
机械零件	34	33
建设暂付款	—	1462
无形固定资产	303	109
投资及其他资产	317	274
延期资产	11	24
资产合计	**10563**	**20000**

从表 4－5 中的粗框部分可以看出，2006 年 3 月决算期计入的应收票据、赊销账款为 59.2 亿日元，存货为 64.33 亿日元。随着虚假销售额的计入，应收票据、赊销账款和存货在总资产中所占的比例越来越大。

但是，由于 IXI 的销售额急剧膨胀，应收票据、赊销账款和存货与销售额的比例极其不自然。接着来分析 IXI 的周转期，2006 年 3 月决算期的销售债权周转期为 54 天，存货周转期为 58 天，似乎没有什么特别的问题。

因此，为了判断是否存在粉饰行为，关键在于确定销售额是否真的急剧增长以及销售额的真实性。

另外，有形固定资产中“飞机”的金额之大尤其引人注目，但这是由于 2004 年 10 月收购了经营包租业务的航空公司。

IXI 的销售额是否真实

为了判断 IXI 的销售额增长是否合理，我们来看表 4－6 中员工的人均销售额变化。从表 4－6 中可以看出，IXI 2002 年 3 月决算期的人均销售额为 4890 万日元，而 2006 年 3 月决算期的人均销售额为 3.103 亿日元，增幅达到了 5 倍以上。

表 4－6　IXI 的人均销售额变化

3 月决算期	2002 年	2003 年	2004 年	2005 年	2006 年
销售额（百万日元）	2591	5525	11347	17629	40335
员工人数（人）	53	60	66	99	130
人均销售额（百万日元）	48.9	92.1	171.9	178.1	310.3

在一般的商业活动中，随着销售额的增长，员工人数也会

随之增加。为了实现这样的人均销售额增长，IXI 的商业模式本应产生巨大的变化，但 IXI 的有价证券报告书显示，其商业模式并未发生变化。据此，我们很难相信 IXI 的销售额增长是合理的，而其销售额的真实性也值得怀疑。

假设 2002 年 3 月决算期的人均销售额（4890 万日元）是合理的，那么将其与 2006 年 3 月决算期的员工人数相乘，以此推测 2006 年 3 月决算期的实际销售额约为 63.57 亿日元。这一数据相当于 2006 年 3 月决算期计入销售额的约 15.8%，因此计入销售额的约 84.2% 都是由虚假循环交易产生的虚假销售额。

事实上，根据 2007 年 3 月 1 日的《日本经济新闻》，IXI 的前任常务曾表示：“销售额的 80% ~90% 都是虚增的。”由此可见，上述推测几乎完全正确。

识别虚假循环交易的要点是什么

IXI 的董事领导了这场虚假循环交易，通过虚构销售额粉饰 P/L，且至少有 20 家 IT 企业参与了这一循环交易（《东洋经济周刊》2007 年 5 月 31 日）。

这里我想重申一遍，在虚假循环交易中，如果实际结算了销售货款，那么销售债权和存货的增加速度就会慢于销售额的增加速度，因此这种粉饰行为难以从外部识别。这也是近年来虚假循环交易增多的原因之一。

识别结算销售货款的虚假循环交易的要点在于“确定销售额的增长是否合理”。以 IXI 为例，尽管业务没有发生重大的变化，但人均销售的异常增长中却暗藏了一些线索。我们来设想一下企业的实际业务，在员工人数没有大幅增长的情况下，销售额却急速成长，这种情况不太合理。对这一状况的判断是识别虚假循环交易的关键。

在 IXI 的案例中，通过员工人均销售额的异常增长可以推测粉饰行为的可能性，但虚假循环交易难以从外部识别也是不争的事实。在 2008 年发现的信息系统企业 News Co（在东证二部上市）的虚假循环交易中，在 2007 年 6 月决算期计入巨额非常损失前，很难利用已公布的财务报表等数据识别该起财务造假。在这种情况下，需要通过审计等来确认交易和存货的真实性。

虚减费用、夸大利润

将本应计入费用的金额计入资产，延迟费用入账或虚减费用，达到虚增利润的目的。例如，经营娱乐设施的 Arisaka 通过虚增存货，计入过小的销售成本和折旧费（《宫崎日日新闻》2008 年 8 月 13 日）。

这里描述的是一种虚减费用、夸大利润的粉饰手段，即虚增存货且计入过小的销售成本，以达到夸大利润的目的。

虚增存货、虚减销售成本

图 4－2 汇总了通过虚增存货、虚减销售成本，相应夸大利润的方法。一般情况下，计入 P/L 的销售成本是期初库存商品金额与期中商品采购金额相加，然后减去期末的库存金额后所得的结果（参见图 4－2 左侧）。

如果虚增期末库存，会怎样呢？如图 4－2 右侧所示，由于计入了过多的期末库存，造成其中的销售成本过低，结果导致利润过大。

这种粉饰行为不仅夸大了 P/L 中的利润，而且夸大了 B/S 中的存货。期末存货也是下一期的期初存货，为了粉饰下一期

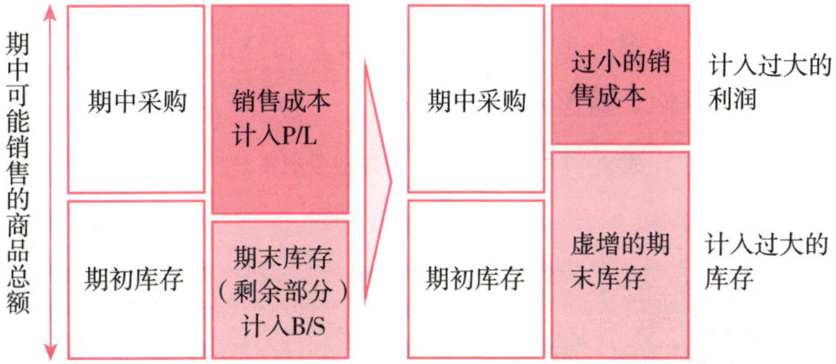

图 4－2　虚增存货、虚减销售成本

的利润，必须进一步夸大下一期的期末存货。这样一来，B/S 上的存货金额就会不断膨胀。

如果销售额不变，存货不断增加，那么存货周转期的长期化趋势会变得十分明显，因此这种粉饰行为常与之前提到的夸大销售额同时进行。

Crimzon 公司的案例

接下来，我们以经营“PIKO”等休闲服装品牌的 Crimzon 公司（在 OTC 市场上市）为例，来看看夸大库存的粉饰案例。

据报道，Crimzon 公司于 2006 年 1 月决算期的半年决算后，在取得责任董事同意的情况下，为了实现业绩目标，不仅计入了不存在的库存，而且虚增了仓库的库存价格，夸大了库存估价（《日本经济新闻》2007 年 10 月 2 日）。

该起财务造假由担任审计的新日本审计法人（现 · EY 新日本有限责任审计法人）发现，该企业罢免相关责任董事后，社长引咎辞职。

Crimzon 公司公开了财务造假时的财务报表和修正后的财务报表，我们试着根据这些数据确认一下财务造假的内容。

表 4－7 汇总比较了 2006 年 1 月决算期和 2007 年 1 月决算期修正前（财务造假后的财务数据）和修正后（财务造假前的财务数据）的主要财务数据。

表 4－7 Crimzon 公司的主要财务数据

单位：百万日元

	2006 年 1 月决算期			2007 年 1 月决算期		
	修正前	修正后	差异	修正前	修正后	差异
P/L						
销售额	18589	18589	0	15722	15673	49
销售成本	9821	10121	－300	8256	8860	－604
经常利润（经常损失）	1077	776	300	－486	－1140	653
当期净利润（当期净损失）	468	36	432	－463	－1227	764
B/S						
应收票据·赊销账款	4569	4569	0	3441	3389	52
存货	1042	742	300	1739	835	904
现金流量表						
营业 CF	715	715	0	－1104	－1104	0
其中销售债权的增减额（负数为增加）	－209	－209	0	1255	1307	－52

（续表）

	2006 年 1 月决算期			2007 年 1 月决算期		
	修正前	修正后	差异	修正前	修正后	差异
其中存货的增减额（负数为增加）	225	526	-300	-485	119	-604
投资 CF	-138	-138	0	-811	-811	0
财务 CF	-729	-729	0	774	774	0

注：2006 年 1 月决算期为独立决算，2007 年 1 月决算期为合并决算。

Crimzon 公司截至 2006 年 1 月决算期都未曾制作合并财务报表，所以 2006 年 1 月决算期的数据为独立决算，2007 年 1 月决算期的数据为合并决算。

此外，该表中的“差异”展示了财务造假如何扭曲财务数据。

从表 4-7 中可以看出，2006 年 1 月决算期的期末存货（库存）虚增了 3 亿日元，结果导致销售成本虚减了 3 亿日元，经常利润虚增了 3 亿日元（参照表中粗框框住的部分）。

为了夸大利润，2007 年 1 月决算期的存货进一步虚增了 6.04 亿日元。

其结果就是，计入 B/S 的存货虚增了 2 期数额的合计 9.04 亿日元。

但是，在 Crimzon 公司的财务数据中，营业 CF 的数据在粉饰前后并未发生变化，这是因为夸大存货导致营业 CF 减少的部分与夸大利润的部分正好相互抵销。在这一案例中，现金流量也能反映企业的真实面貌。

另外，虽然金额不是很大，但是 Crimzon 公司在 2007 年 1

月决算期夸大了销售债权，这是企图虚增销售额的征兆。如果放任不管，可能会同时出现通过夸大销售债权虚增销售额和利润，以及通过虚增存货来增加利润的粉饰行为。

这起财务造假案在被发现之前，企业外部到底有没有察觉呢？

利用 2005 年 1 月决算期——粉饰前的财务数据（本书中未记载）来计算存货周转期，得到的数据是 26 天，而 2006 年 1 月决算期的存货周转期是 20 天，2007 年 1 月决算期是 40 天。

的确，2007 年 1 月的存货周转期稍稍有些长，但对于批发行业和零售行业来说，持有相当于一个月销售额的存货是很平常的，所以凭借这一数据很难从外部发现粉饰行为。

因此，为了在这一阶段识别财务造假，重要的是审计法人对库存的检查。实际上，据说在 Crimzon 公司的案例中，担任审计的新日本审计法人是发现该起粉饰案件的关键。

虚增营业 CF 的粉饰手段

为什么要粉饰营业 CF

接下来，我们来看粉饰营业 CF 的案例。正如前文所述，通过粉饰 P/L 上的销售额和费用来夸大利润的行为不会影响 CF。

这是由于虚增了 P/L 上的利润，销售债权和存货等营业资产变得过大，利润增加造成的现金流量增加和运营资本增加造成的现金流量减少相互抵销，营业 CF 的数值不变（关于这一机制，请参考第 2 章）。

因此，即使夸大销售额和费用，美化 P/L，现金流量表中也会展现真实的面貌。这就是存在粉饰行为的企业的营业 CF 为负的原因。

但是，虽然 P/L 上的利润显示黑字，且持续增长，但如果营业 CF 始终为赤字，就会引起人们的怀疑：“是不是存在粉饰行为?”另外，在 OTC 市场，营业利润和营业 CF 连续 5 个年度均为负数的企业会触及退市标准，这也是企业虚增营业 CF 的动机。

粉饰营业 CF 的手段

那么，应该如何粉饰营业 CF 呢？大致有以下两种方法：

①不将借款等筹措资金计入财务 CF，而是将其作为营业 CF 的进账。
②将投资 CF 支出的资金作为营业 CF 的进账。

采用方法①时，为了使用本应计入财务 CF 的资金收入，只能虚减财务 CF，并将减少的部分计入营业 CF。而采用方法②时，为了计入本不存在的投资支出，只能虚减投资 CF，并将减少的部分计入营业 CF。

Sorghum Japan Holdings 公司的案例

那么，我们以经营生物燃料的 Sorghum Japan Holdings 公司（以下称 SorghumHD）为例，来看看夸大营业 CF 的粉饰案例。

SorghumHD 主要经营能源作物超级高粱种子的销售，在 OTC 市场上市后，为了免于触及退市标准，粉饰营业 CF，并于 2018 年 5 月被证券交易等监视委员会采取强制调查措施，随后于 2018 年 9 月被撤销上市资格。2019 年 3 月，证券交易等监视委员会以违反金融证券交易法（虚假记录）为由向东京地检告发 SorghumHD 及其实际经营者（《日本经济新闻》2019 年 3 月 21 日）。

表 4－8　SorghumHD 的主要业绩数据（合并）

单位：百万日元

3 月决算期	2013 年	2014 年	2015 年	2016 年	2017 年
销售额	1321	1389	1299	2794	2045
营业损失	－542	－738	－1121	－2266	－1466
归属母公司当期净损失	－455	－253	－1275	－3076	－1358

（续表）

3 月决算期	2013 年	2014 年	2015 年	2016 年	2017 年
营业 CF	-320	-1335	-1148	-1165	134
投资 CF	-468	-403	-123	-231	-65
财务 CF	718	1543	2183	563	957
FCF（= 营业 CF + 投资 CF）	-788	-1738	-1271	-1396	68

表 4-8 汇总了 SorghumHD 的主要业绩数据。从表 4-8 中可以看出，截至 2016 年 3 月决算期，SorghumHD 的营业损益、营业 CF 连续 4 年为负，但 2017 年 3 月决算期的营业 CF 却实现了 1.34 亿日元的逆转。

据证券交易等监视委员会于 2019 年 3 月 20 日发布的新闻，SorghumHD 的实际营业 CF 存在 9.66 亿日元的赤字，但 SorghumHD 将 11 亿日元的借款计入营业 CF，伪装成盈利。

那么，我们就以 SorghumHD 的营业 CF 摘要，来看看粉饰的情况（参考表 4-9）。

表 4-9　SorghumHD 的合并现金流量表摘要（营业 CF）

单位：百万日元

科目	2016 年 3 月决算期	2017 年 3 月决算期
营业活动产生的现金流量		
纳税调整前的当期净损失	-3080	-1344
折旧费	60	23
商誉摊销	182	125
……	……	……

（续表）

科目	2016年3月决算期	2017年3月决算期
销售债权的增减（负数为增加）	-76	332
存货的增减（负数为增加） …… 应付账款的增减（负数为减少） ……	835 …… -23 ……	-297 …… 168 ……
预收款的增减（负数为减少）	0	924
……	……	……
小计	**-1136**	**155**
利息收入 利息支出 法人税等支出 法人税等退税	3 -4 -30 1	3 -13 -11 0
营业活动产生的现金流量	**-1165**	**134**

在2017年3月决算期的营业CF中，最引人注目的是用粗框框住的“预收款的增减”。2016年3月决算期的数字为零，但2017年3月决算期却增加了9.24亿日元。

关于这笔预收款，SorghumHD在有价证券报告书中解释称，这是因为在墨西哥等地收到了超级高粱种子的购买申请。但据推测，该笔预收款实际上很可能是借款。也就是说，SorghumHD将原本应该计入财务CF的借款收入伪装成营业CF，夸大了营业CF的数据。

另外，从夸大营业 CF 的角度来看，应付账款的增加和销售债权的减少中的某一部分（现金流量都为正）很可能也被借款替换了。我们试着将应付账款的增加和预收款的增加所产生的现金流量相加，得到的合计金额为 10.92 亿日元，这一数字接近证券交易等监督委员会公布的营业 CF 的粉饰金额——11 亿日元。

Senior Communication 公司的案例

接着，我们来看第 2 章中提到的 Senior Communication 公司的案例。

我在第 2 章中曾提到过 Senior Communication 公司存在夸大销售额和利润的粉饰行为。除此之外，为了掩饰虚增的销售债权，Senior Communication 公司使用多种手段制造了销售货款入账的假象。其中一种手段是将支出的资金伪装成软件投资，作为销售货款的入账进行回流。

Senior Communication 公司外部调查委员会的调查报告显示，Senior Communication 公司的财务责任董事以购买（实际上不存在的）软件的名目，从 2007 年 12 月左右开始将非法支付的款项伪装成销售货款，并以客户的名义存入企业账户（调查报告称，该企业虚构了购买软件的费用，实际上并不是费用，而是将购买软件的支出资金计入了 B/S 上的软件资产）。

从 Senior Communication 公司的 B/S（本书中未记载）来看，2007 年 3 月决算期的软件资产只有 4300 万日元，而 2008 年 3 月决算期增加至 2.18 亿日元，2009 年 3 月决算期增加至 5 亿 7500 万日元。由此可以推测，这些都是虚构的软件资产。

表 4 - 10 是 Senior Communication 2007 年 3 月决算期至 2009 年 3 月决算期的合并现金流量表摘要。从表 4 - 10 中可以

看出，从2008年3月决算期开始，取得无形固定资产产生的支出费用激增，而其中大部分似乎是虚构软件的非法资金流出。

表4-10 Senior Communication公司的合并现金流量表（摘要）

单位：百万日元

科目	2007年3月决算期	2008年3月决算期	2009年3月决算期
营业活动产生的现金流量			
纳税调整前的当期净利润（损失）	610	60	-557
……	……	……	……
销售债权的增减（负数为增加）	-369	-62	-41
……	……	……	……
小计	**100**	**86**	**67**
利息及红利收入	1	3	5
利息支出	-3	-7	-12
法人税等支出	-	-	95
法人税等退税	-105	-396	-48
营业活动产生的现金流量	-7	-315	106
投资活动产生的现金流量			
……	……	……	……
取得无形固定资产的支出	-33	-192	-443
……	-	……	……

回流

（续表）

科目	2007 年 3 月决算期	2008 年 3 月决算期	2009 年 3 月决算期
投资活动产生的现金流量	**-725**	**-759**	**-663**
财务活动产生的现金流量			
……	……	……	……
财务活动产生的现金流量	**1710**	**939**	**-93**

为了平衡财务报表，Senior Communication 公司从 2008 年 3 月决算期开始抑制销售债权的增加，缩小营业 CF 的负增长幅度。这是因为 Senior Communication 公司以获取虚构软件的名义将资金转出，然后伪装成销售货款汇入企业账户，“表面上”阻止了销售债权的增加。Senior Communication 公司通过这样的粉饰行为，实现了 2009 年 3 月决算期营业 CF 的逆转。

如上所述，Senior Communication 公司通过从投资 CF 到营业 CF 的资金回流，虚减了投资 CF，虚增了营业 CF。

让财务基本盘看似得到改善的粉饰手段

为什么要让财务基本盘看似得到改善

第三种是通过“虚假增资”让财务基本盘看似得到改善的粉饰手段。虚假增资是指通过第三方定向增资（以向特定第三方发行新股的形式增资）等方法增加净资产，让财务基本盘看似得到加强，但实际上并不会增加净资产的行为。虚假增资的目的是规避资不抵债，避免强制退市，也是为了恶意操纵股价。

如前所述，如果上市企业连续 2 期资不抵债，就会触及股票市场的退市标准，必须退市。对于企业来说，粉饰的目的无非是避免这种情况，通过虚假增资避免资不抵债。

另外，虚假增资的资金提供方的目的是卖出手中的股票，谋取不正当利益。通常情况下，陷入财务困境的企业改善财务基本盘，就能得到股票市场的青睐，从而促使股价上升。从资金提供方来看，趁着股价上升，卖出手里的股票，就能谋取不正当利益。

这种行为以买卖股票为目的，恶意操纵股价，触及了《金融商品交易法》中的“虚假交易”条款。

虚假增资的框架

虚假增资是如何进行的？虚假增资大致可以分为以下两种模式：

①将通过增资获得的资金以贷款的方式返还给资金提供方。
②在实物出资的过程中，过高估算实物的价值。

第一种手段是以贷款的形式将企业通过增资获得的资金原封不动地还给资金提供方。这种资金也被称为"亮给对方看的钱"。这种手段表面上增加了 B/L 上的净资产，但实际上企业并未获得资金，而净资产的增加让财务基本盘看似得到强化。这种情况下，虚假增资产生的（暂时性）资金流入使现金流量表上的财务 CF 变得过大，而贷款产生的资金流出使得投资 CF 变得过小（支出变大）。

第二种手段是在实物出资的过程中夸大实物的价值。这里的实物出资是指新股发行时，以非现金财产出资。这种情况下，实物的价值小于计入 B/S 的金额，B/S 上的净资产和实物出资产生的资产均被夸大。

合众集团的案例

我们来看虚假增资的第一个案例——从事光学仪器销售和测量仪器的制造、销售，在东证二部上市的合众集团（以下称为合众 HD）的案例。2008 年 2 月，合众集团为了避免退市，进行了虚假增资，前任社长（当时）因涉嫌操纵股价被捕，并于 2010 年 8 月被大阪地方法院判处有罪。

那么，合众 HD 的现金流量表究竟是什么样的呢？

表 4－11 摘录了合众 HD 2008 年 3 月决算期合并现金流量表中的投资 CF 和财务 CF。

从表 4－11 中的财务 CF 来看，合众 HD 在 2008 年 3 月决算期通过新股发行获得了 42 亿 1000 万日元的收入（参考财务 CF 的粗框部分）。

表 4－11　合众 HD 的合并现金流量表（摘要）

单位：百万日元

科目	2008 年 3 月决算期
投资活动产生的现金流量	
购买有价证券产生的支出	－599
卖出有价证券产生的收入	461
购买投资有价证券产生的支出	－1142
出售投资有价证券产生的收入	2856
长期·短期贷款产生的支出	－4661
回收贷款	706
缴纳（归还）押金·保证金产生的支出	－23
取得有形固定资产产生的支出	－662
出售有形固定资产产生的收入	803
出售高尔夫会员权产生的收入	404
其他投资的增减额	330
投资活动产生的现金流量	**－1527**
财务活动产生的现金流量	
新股发行产生的收入	4210
短期借款产生的收入	479
归还短期借款产生的支出	－600
归还长期借款产生的支出	－168
股票交易费产生的支出	－27
出售债权产生的收入	1793
其他	0
财务活动产生的现金流量	**5686**

回流

另外，投资 CF 中有一些奇怪的地方。投资 CF 的粗框部分显示，长期、短期贷款的支出为 46.61 亿日元。也就是说，贷款支出超过了新股发行的收入。

如果增资的目的是避免因资不抵债而被强制退市，那么通常的做法是用增资获得的资产偿还借款以及投入业务。合众 HD 不属于金融行业，其将增资获得的资金用于偿还贷款的时候，资金流动中出现的异常一目了然。

据证券交易监督委员会称，之所以立案调查合众 HD，是因为该企业在 2008 年 2 月的增资中，伪造了 4.6 亿日元的支付款项。但是，仅从合并现金流量表来看，不透明的资金流动超过了 40 亿日元，被立案调查的该企业其粉饰行为只露出了冰山一角。

Sei Crest 公司的案例

接下来，我们来看在日本佳斯达克市场上市的不动产企业 Sei Crest 公司的案例。

2010 年 2 月，Sei Crest 公司实施了 21.2 亿日元的增资，但当时以实物出资，价值 20 亿日元的不动产评估虚有其表，虚增了增资额。因此，前任社长因涉嫌违反《金融商品交易法》（弄虚作假），于 2012 年 11 月被捕，之后于 2013 年 9 月被大阪地方法院判处有罪。

表 4-12 是 Sei Crest 公司 2009 年 3 月决算期和 2010 年 3 月决算期的合并 B/S。

我们先来看表 4-12 中的资产部分。与 2009 年 3 月决算期相比，2010 年 3 月决算期的存货增加了 19.43 亿日元。Sei Crest 公司接受的实物出资的不动产价值为 20 亿日元，因此，存货的增加几乎都是因为接受了实物出资（Sei Crest 公司经营不动产，因此不动产记在存货科目下，而不是有形固定资产科目）。

表 4－12　Sei Crest 公司的合并 B/S（摘要）

单位：百万日元

科目	2009 年 3 月决算期	2010 年 3 月决算期	科目	2009 年 3 月决算期	2010 年 3 月决算期
（资产部分）			（负债部分）		
流动资产	**758**	**2633**	流动负债	**970**	**817**
现金存款	46	35	短期借款	422	558
应收票据·赊销账款	88	44	一年内到期的长期借款	68	79
存货	581	2524	一年内到期的公司债	172	10
其他	43	30	应付账款	113	43
			一年内到期的存入保证金	106	100
固定资产	**168**	**156**	其他	90	26
有形固定资产	**93**	**88**	固定负债	**717**	**286**
房屋	68	65	公司债	160	100
工具和设备	7	5	长期借款	510	140
土地	18	18	其他	48	47
无形固定资产	15	10	负债合计	**1687**	**1103**
投资及其他资产	**60**	**58**	（净资产部分）		

（续表）

科目	2009 年 3 月决算期	2010 年 3 月决算期	科目	2009 年 3 月决算期	2010 年 3 月决算期
投资有价证券	19	14	资本金	560	2084
存出保证金	22	23	资本盈余	273	1798
破产重组债权等	54	53	留存收益	-1555	-2162
呆账准备金	-58	-57	库存股	-36	-36
其他	23	26	新股认购权	1	3
			少数股东权益	-	-
延期资产	5	1	净资产合计	**-756**	**1686**
资产合计	**931**	**2789**	负债净资产合计	**-931**	**2789**

另外，由于进行了增资，净资产部分的资本金和资本盈余也增加了（但是，除 2010 年 2 月外，Sei Crest 公司也进行了增资，资本金和资本盈余的增加额为 30.49 亿日元）。

这一增资行为让 Sei Crest 公司在 2010 年 3 月决算期避免了因连续 2 期资不抵债而触及退市标准。如果没有进行增资，那么 Sei Crest 公司应该会因连续 2 期资不抵债而被强制退市。

但是，一位破产管理人在事后表示，这 20 亿日元的不动产在 2011 年年底的评估价只有 4 亿日元（《日本经济新闻》（朝刊）2012 年 4 月 19 日）。也就是说，实物出资的增资额是虚构的。

此外，关于不动产的价格，Sei Crest 公司向第三方定向增资的新闻稿中记载了不动产估价师的书面评估和律师的证明，尽管如此，不动产的估值仍是伪造的。

为了不被实物出资产生的虚假增资所欺骗，可以根据实际价格检查资产评估价值是否合理。

识别财务造假的要点

关注现金流量表和周转期指标

至此，我们已经了解了各种财务造假的案例。从这些案例中可看出，在识别财务造假的过程中，解读现金流量表发挥了很大的作用。

例如，在虚增销售额和利润的 OHT 的案例中，虽然财务造假美化了 P/L，但营业 CF 清楚地反映出企业的实际情况。这是因为在计算营业 CF 的过程中，虚增的利润和虚增的销售债权及存货相互抵销。

财务造假能够扭曲 P/L，但不会对营业 CF 造成影响。营业 CF 能够清楚地反映出企业的真实情况，这一点在 Crimzon 公司的案例中也有体现。Crimzon 公司通过夸大库存来压低销售成本，从而虚增利润。

在使用“亮给对方看的钱”进行虚假增资的合众 HD 的案例中，不透明的资金流动也反映在现金流量表中。

关注现金流量表，就能识破那些将通过增资等财务活动获得的资金以贷款形式回流的小伎俩。

在此，我想重申一遍，解读现金流量表的能力是识别财务造假的强力“武器”。为了不被财务造假欺骗，掌握解读现金流量表的方法十分重要。

另外，分析周转期也是识别财务造假的方法之一。在第 1 章中提到的 FOI 和第 2 章中提到的 Senior Communication 公司以及本章中提到的 OHT 的案例中，财务造假导致销售债权周转期和存货周转期均长于同行业平均水平。

在这种情况下，存在财务造假行为的企业或许会找一些冠冕堂皇的理由搪塞过去。实际上，FOI 在投资信托说明书中补充了这样的说明：半导体厂商新生产线的应收账款周转期为 1.5 ~2.5 年。

想要识别财务造假，就不能对这类说明置之不理，必须客观地判断说明的内容是否合理。

对照实际的商业活动

另外，也有仅凭现金流量表难以识别的财务造假。

例如，进行虚假循环交易的 IXI，由于实际结算了销售货款，仅凭分析现金流量表和周转期很难识别其是否存在粉饰行为。在这种情况下，必须设想实际的商业活动，找出其中的疑点。

虽然 IXI 的商业模式没有发生大的变化，但员工的人均销售额增长却很不自然，从这一点就能确定企业的销售额存在问题。在这种情况下，不能只看数字，还需要设想企业的实际业务，确认是否存在问题。

另外，在 Sei Crest 公司的案例中，重点在于实物出资的不动产的价值是否合理。在这种情况下，推断实物出资的不动产价格，判断其是否与出资额相匹配，是避免被虚假增资所误导的关键。

审计法人和企业内部审计的重要性

在 Senior Communication 公司的案例中，事后查看现金流量表就能发现软件支出回流到了销售货款中，但这一行为在财务造假被发现之前很难断定，因为从公司外部无法得知软件是否真实存在。同样，在 SorghumHD 的案例中，虽然可以推测出预收账款的真实性存在问题，但仅从对外公开的信息来看，很难判断预收账款是否真实存在。

另外，也有像 Crimzon 公司一样的情况：存货小幅增加，仅凭财务报表很难识别粉饰行为。

在这些案例中，审计法人必须进入公司内部确认软件、库存、预收账款的真实性，确认决算是否合理。

遗憾的是，并非所有的粉饰行为都能从外部识别。因此，为了防患于未然，也为了确认粉饰行为存在与否，企业接受审计法人的审计和公司内部的审计尤为重要。

会计思考笔记 4 为什么子公司内部频繁出现粉饰行为

财务造假的舞台并不仅限于母公司。近年来，子公司和关联公司的粉饰行为不断增加。图 4－3 根据本书开头提到的东京工商调查公司的调查数据，记录了子公司和关联公司进行不当会计行为的数量以及其他当事人进行不当会计行为的数量的变化趋势。

从图 4－3 中可以看出，子公司及关联公司进行不当会计行为的数量在 2008 年为 5 件（占总数的 20%），2019 年为 27 件（占总数的 37%），数量和比例均呈上升趋势。据推测，这些不当会计行为大多是通过计入过低的销售成本等费用，以及通过虚构交易虚增销售额，来达到夸大利润的目的。

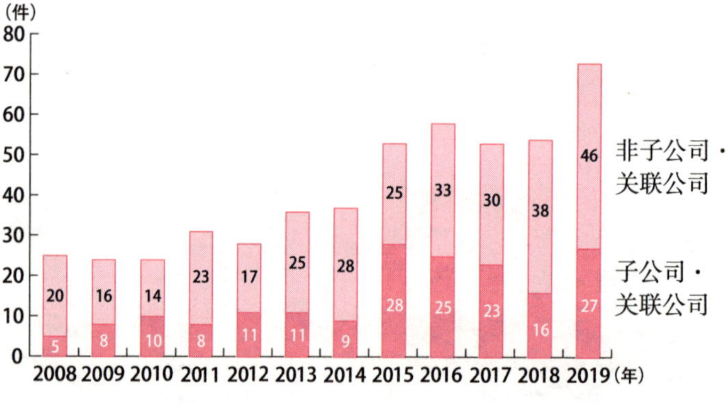

资料来源：东京商工调查“2019 年全部上市企业‘公开不当会计行为·不当经营管理的企业’调查”，由作者整理制作。

图 4－3　子公司·关联公司中存在不当会计行为的数量变化

那么，为什么子公司和关联公司频繁出现粉饰行为？

其原因之一是国内市场业务停滞不前，对日本企业来说，进军海外市场的重要性与日俱增。随着日本企业进军海外，在海外设立子公司和关联公司的数量不断增加，因此，发现粉饰行为的可能性也随之增加。但是，除了子公司和关联公司数量的增加，还存在诱发子公司和关联公司进行粉饰的结构性问题。

第一个问题是，对于子公司或关联公司的业绩，母公司可能会施加过大的压力。一般来说，由于无法在国内市场深入发展，母公司就会对海外子公司或关联公司的销售额和利润增长寄予厚望。如果子公司或关联公司认为这是一种压力，那么这种压力就会成为粉饰行为的动机。

第二个问题是，与母公司相比，子公司和关联公司更加难以监管。人们通常认为子公司或关联公司的重要性比母公司低，从而降低了审计级别。

另外，由于物理上距离较远，子公司和关联公司难以被监管，这也为子公司和关联公司提供了财务造假的环境。

在最近的案例中，销售“Sixpad”等健身器材的中国及韩国的销售子公司、厨房设备厂商星崎集团的销售子公司、精密仪器生产商场 Rhythm Watch 的中国子公司以及富士施乐在新西兰的销售子公司等的粉饰行为浮出水面。这些企业的调查报告均指出，对于实现目标销售额和利润，子公司背负着巨大的期待和压力，而脆弱的管理体制也是产生粉饰行为的原因之一。

此外，包括海外子公司在内，在子公司参与的财务造假的案例中，粉饰行为的规模较小也是难以从外部分析发现的原因之一。为了不放过子公司的粉饰行为，审计法人的审计和公司内部的审计变得越发重要。

如今，进军海外市场的重要性越来越高，如何经营海外子公司成为日本企业的重要课题之一。在此过程中，必须建立起防止海外子公司发生不正当行为的管理机制。

第4章的总结

◎财务造假大致可以分为三大类：①夸大P/L上的销售额和利润；②虚增营业CF；③虚增B/S上的净资产。

◎虚增销售额、利润的手段：虚构销售额、提前计入销售额、虚假循环交易、过低计入或延迟费用入账等。

◎虚增营业CF的手段：将财务活动产生的进账处理为营业CF的进账；将投资CF支出的资金回流到营业CF等。

◎虚增净资产的手段："亮给对方看的钱"和夸大实物出资等。

第5章

财务造假的最终结果

——通过案例了解财务造假的可怕之处及防范对策

存在财务造假的企业内部究竟发生过什么

为什么要知道财务造假的原委

我们在第 4 章中学习了如何利用财务报表的数据解读财务造假。财务造假的目的是美化 P/L、营业 CF 以及 B/S，但这么做会使财务报表变得扭曲。

本章，我们来进一步了解财务造假的原委。具体来讲，就是用实际案例解读以下几点：“财务造假的契机是什么？”“为何会深陷财务造假？”“财务造假的代价是什么？”

为什么了解财务造假的原委很重要呢？原因有两个。

首先，知道了财务造假的原委，就能明白防范财务造假时应该注意什么。另外，对于已有的粉饰行为，也能利用案例中学到的知识采取适当的措施，防止损失扩大。

其次，知道了财务造假的结局，就能明白其可怕之处。在第 4 章的案例中，许多存在粉饰行为的企业最终都面临破产。

在本章将要介绍的案例中，虽然有些企业能够避免破产，甚至延续至今，但它们都为粉饰行为付出了过高的代价。毕竟，财务造假不会带来任何好处。

了解这些对于避免参与财务造假十分重要。

通过调查报告解读财务造假的过程

想要知道存在粉饰行为的企业内部发生了什么，就必须了解企业的内部信息。但是，通常情况下，从企业外部了解内部信息并不容易。因此，本章将利用参与财务造假的企业的调查报告，探索企业内部发生了什么。

调查报告是由第三方委员会和特别调查委员会制定的，而第三方委员会和特别调查委员会是针对出现财务造假等丑闻的企业设立的。第三方委员会由与出现财务造假的企业没有利害关系的第三方组成，可以从外部视角分析企业的问题。因此，调查报告可谓是客观总结企业内部问题的宝贵资料。

当然，被调查方不一定会全力配合第三方委员会。包括这种情况在内，虽然调查报告无法反映所有情况，但它仍然是从企业外部了解财务造假原委的重要资料。

话说回来，本章的目的并不是检查调查报告的好坏，而是从“存在粉饰行为的企业内部究竟发生了什么?”“财务造假的原因是什么?”“最终付出了怎样的代价?”等角度出发，解读调查报告的内容。

若无特别说明，则本章的案例描述均来自公开资料。匿名企业和人名已酌情用字母替代。

陷入虚假循环交易该怎么办

虚假循环交易为什么很可怕

我在第 4 章介绍了虚假循环交易的案例。虚假循环交易的特点是大多拥有真实的客户，且实际结算销售货款。

也就是说，虚假循环交易并不是由主导该交易的单一企业完成的，而是涉及多家真实存在的企业。虚假循环交易的可怕之处在于，有时会在不知情的情况下被卷入虚假循环交易中。

假如某企业邀请你参加一项“不涉及物流的书面交易”，参加后你可以按照百分比获得手续费收入。这对于想要完成销售额和利润目标的企业来说，或许是一件求之不得的事。但是，这也很有可能让你在不知情的情况下陷入虚假循环交易中。

我们先来看一个被卷入虚假循环交易的案例。

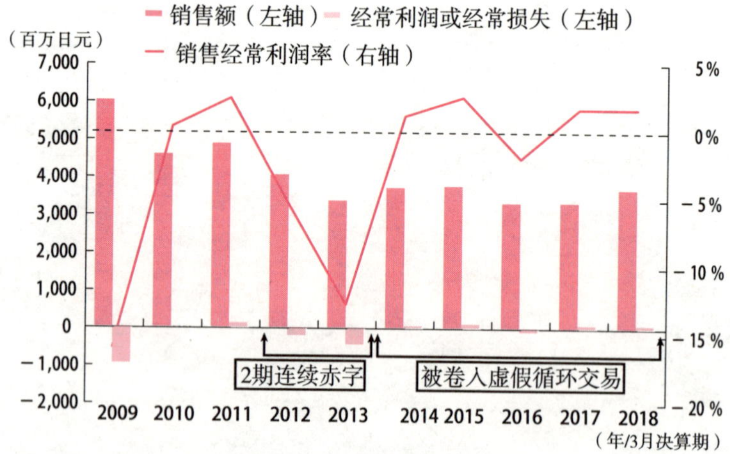

图 5－1　东邦金属的业绩变化

东邦金属的案例

东邦金属（于东证二部上市）创办于 1918 年，1950 年成立从事钨、钼等合金制造、销售的金属制造商，2018 年 3 月合并后的正式员工人数为 134 人。

图 5－1 是东邦金属 2018 年 3 月决算期的独立业绩汇总（决算修正前）。

东邦金属在 2014 年 3 月决算期至 2018 年 3 月决算期之间被卷入虚假循环交易。查看这段时间的业绩，就能发现东邦金属 2012 年 3 月决算期和 2013 年 3 月决算期的收入、利润双双减少，连续 2 期亏损。由此可以推断，当时的管理层背负着非常巨大的业绩重建压力。

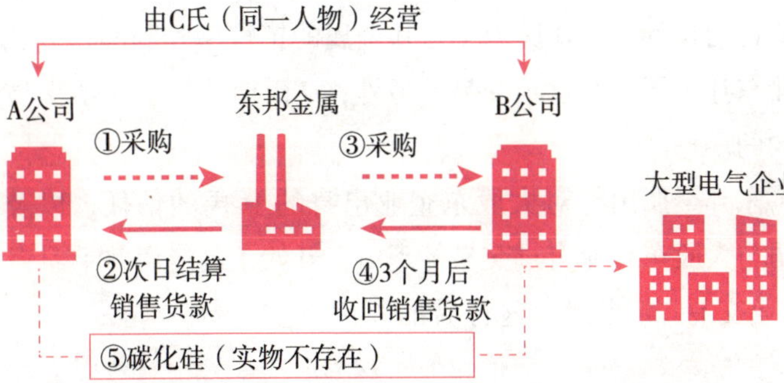

图 5－2　东邦金属参与的虚假循环交易

2018 年 6 月上任的东邦金属董事长兼总经理小樋诚二在事后回忆说：“在持续亏损的情况下，管理层对风险的敏感度变得迟钝。”（《日经商务周刊》2019 年 3 月 25 日）。可以说，这就是东邦金属被卷入虚假循环交易的原因。

虚假循环交易的结构

图 5－2 是东邦金属被卷入虚假循环交易的结构图。担任 A 公司和 B 公司社长的 C 氏提出了有关碳化硅的交易：由东邦金属采购 A 公司的碳化硅（参考图中的①），次日向 A 公司支付货款（参考图中的②），然后，东邦金属将碳化硅出售给 B 公司（参考图中的③），3 个月后收回货款（参考图中的④）。最终，碳化硅流入了大型电气企业的手中（参考图中的⑤）。在这项交易中，东邦金属能够获得大约 4% 的手续费，且不用承担库存风险和质量保证等责任。

提出这项交易的是东邦金属的大股东于 2015 年 4 月派驻东邦金属担任董事营业本部部长的 D 氏。D 氏自上一份工作开始就与 C 氏的企业有超过 10 年的交易经历，他认为 C 氏是一个值得信赖的人。D 氏为了东邦金属的销售额和利润，委托 C 氏让东邦金属参与这项交易。另外，D 氏似乎知道这项交易是虚构的。

东邦金属出于对大股东企业出身的 D 氏的信任，以及 B 公司与大股东企业有过交易等理由，开始了制造商并不习惯的“商业交易”。当然，这背后的原因是在业绩严峻的情况下，稳定的收益和利润对于东邦金属的管理层来说很有吸引力。

交易的扩大和虚假循环交易的暴露

2013 年 10 月，东邦金属开始了每月以 3000 万日元购买、以 3120 万日元出售的交易，但交易金额从一开始就超出了预期。每月从 A 公司采购货物的金额不断增加，2013 年 10 月为 3255 万日元，2014 年 1 月增长到 4785 万日元，同年 6 月增长到 1.1389 亿日元。而每个月的销售额，2014 年 1 月为 4976 万日元，在同年 5 月突破 1 亿日元，达到 1.0263 亿日元，应收账款余额也超过了 3 亿日元。

面对这种情况，东邦金属感觉到了风险，决定限制对 B 公司的销售，并在 2015 年 4 月后将交易额控制在 6000 万日元左右。

然而，2017 年 6 月，信用信息机构提供了这样一则消息：该交易的商品并不存在，可能涉嫌虚假交易。于是，东邦金属要求 C 氏拿出证据，证明交易的真实性，然而 C 氏始终没有拿出证据。东邦金属参与的“商业交易”实际上并不存在，而是以“东邦金属→A 公司→B 公司→东邦金属”的流程持续循环的“虚假循环交易”。

C 氏的目的或许是利用向 A 公司支付货款（采购的次日）和 B 公司向东邦金属支付货款（交易后 3 个月）的间隙筹措资金。

过高的销售额与利润

卷入这项虚假循环交易导致东邦金属的销售额与利润过高。

表 5－1　虚假循环交易造成的交易金额变化

单位：百万日元

期间（3 月决算期）	销售额	销售成本	毛利润
2014 年	241	231	9
2015 年	293	246	47
2016 年	25	–	25

（续表）

期间 （3月决算期）	销售额	销售成本	毛利润
2017年	23	–	23
2018年	4	–	4
累计	585	477	107

注：2015年3月决算期第二季度后的佣金计入了销售额。

表5-1汇总了因参与虚假循环交易而变大的销售额、销售成本和毛利润。

如表5-1所示，东邦金属2014年3月决算期到2018年3月决算期的累积销售额为5.85亿日元，销售成本为4.77亿日元，毛利润为1.07亿日元。

在这项虚假循环交易中，2015年3月决算期的利润额最大，其金额为4700万日元。而同期的经常利润为9600万日元，经常利润的近50%都来自这项虚假循环交易。

对于利润低迷的东邦金属来说，虚假循环交易造成的利润增长绝不是一笔小数目。

东邦金属付出的代价

卷入这项虚假循环交易，让东邦金属及其董事付出了很大的代价。东邦金属付出的代价可以总结为以下5点：

①修正上一年度的决算。
②东京证券交易所要求采取公开措施并提交整改报告。
③证券交易监督委员会要求支付罚款。
④难以收回 B 公司的应收账款。
⑤处分内部董事。

首先，关于上述被夸大的销售额和利润，东邦金属不得不修正过去 5 年的决算报告。其次，对于有价证券报告中虚假的公开信息，东京证券交易所于 2018 年 12 月 21 日发布了《关于公开措施及整改报告的要求》。对此，东邦金属于 2019 年 1 月 17 日向东京证券交易所提交了整改报告。

然后，对于有价证券报告中的虚假信息，证券交易监督委员会于 2019 年 1 月 18 日要求东邦金属缴纳 1200 万日元的罚款。虚假信息的内容包括：计入过大的销售额及未计入的坏账准备等。与此同时，东邦金属在 2019 年 1 月 31 日召开的董事会上，通过了向金融厅法官提交确认应缴罚款金额的决议。

另外，截至 2017 年 6 月底停止交易时，东邦金属对 B 公司（应收账务相互抵销后）还有超过 1.4 亿日元的应收账款。多数情况下，即使虚假循环交易停止，也往往无法收回债权。因此，东邦金属很可能会损失对 B 公司的应收账款，但据上述《日经商务周刊》报道，C 氏的企业停止交易后，在碳化硅之外的其他交易中向东邦金属交付了金属钨等产品，应收账款的金额也随之减少到 700 万日元，这对东邦金属来说是不幸中的万幸。

虽然并非有意，但为了明确责任，在 2018 年 12 月至 2019 年 3 月的 4 个月里，东邦金属的董事长兼总经理的薪酬减少了 30%，常务董事的薪酬减少了 20%，董事的薪酬减少了 10%。

另外，作为处分，为这项交易创造机会的 D 氏的薪酬减少了 40%，而截至 2018 年 6 月担任社长职务的代理董事辞去了职务。

东邦金属及其管理层参与“商业交易”的结果是陷入了“虚假循环交易”，并为之付出了高昂的代价。

为什么会被卷入虚假循环交易

调查报告显示，东邦金属被卷入虚假循环交易的原因有以下 5 点：

①业绩重建的压力。

②对新型交易的警惕性低。

③对财务报告风险的认识不到位。

④缺乏董事会等会议机构的审议。

⑤审批章程不规范。

其中，前两点在前文中已有说明，在此不再赘述。

关于第③点，调查报告指出，不承担库存风险和质量保证等责任，只收取佣金（手续费）的交易合同具有特殊性，存在很高的非法交易风险，确认交易的真实性至关重要。另外，东邦金属过度信任大股东企业出身的 D 氏，未对本交易产生疑问，也是忽视了交易真实性的原因之一。

此外，D 氏关于这项交易的申请书是当时的代理董事批准的，并未经过董事会审议。究其原因，当时的企业章程中没有关于合同金额标准的内容，而调查报告称这类特殊事项本应交给董事会审议。

而且，该报告还指出，尽管实际的交易金额超出了申请时的金额，但并未经过董事会的审议，且 2016 年 10 月变更合同时也没有经过董事会的审议，这可能是审议章程不规范造成的。

由此可以推测，正是这些原因让东邦金属“无意中”被卷入了虚假循环交易。

员工进行的财务造假

员工揣度经营者的心思

接下来，我们来看员工参与财务造假的案例。员工进行财务造假时，存在一定的动机，多数情况下是“想取悦管理者”“不想辜负管理者的期待”。

当管理者无论如何都想完成业绩目标，或者避免损失与亏损的时候，其心情会反映在员工身上。当员工想要回应管理者的想法时，就可能会出现粉饰行为。员工揣度管理者的意图，进行财务造假的案例并不少见。在这类案例中，员工参与财务造假并非是为了谋取私利，而是为了管理者和企业。

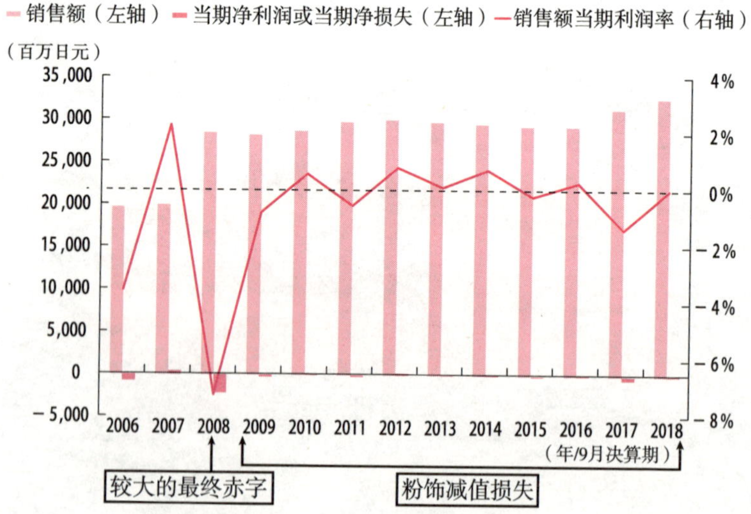

图 5-3 梅之花的合并业绩变化

梅之花的案例

我们以经营“梅之花”等日式连锁餐厅的梅之花（在东证二部上市）为例，来看看员工进行财务造假的情况。

梅之花成立于 1979 年，1986 年在福冈县久留米市开设了第一家“梅之花”——现在的主营形式店铺，之后店铺的数量不断增加。

截至 2018 年 9 月，除“梅之花”外，该企业还开设了“Kanishige”等多个店铺，合并后的正式员工人数为 696 人。

图 5 -3 汇总了梅之花决算修正前的销售额、当期净利润、销售利润率等数据。

梅之花的粉饰行为是因规避店铺的“减值损失”，虚减了非常损失。

梅之花自 2009 年 9 月决算期至 2019 年 4 月决算期进行了财务造假（图中的业绩截至 2018 年 9 月决算期）。从财务造假前的业绩来看，该企业 2008 年 9 月决算期出现了 20.5743 亿日元的巨额赤字。当时的管理层面临连续 2 期巨额赤字的压力。

固定资产的减值处理是什么

这里重申一遍，梅之花的粉饰行为是为了避免店铺的减值损失。为了理解这一粉饰行为，我们先来谈一谈“固定资产的减值损失”。本章的目的并不是详细解说减值会计，因此这里仅作概述。

固定资产的减值处理是指固定资产等收益性下降，导致投资无法收回时，将该固定资产的账面价值减值至可回收的价值。此时产生的损失被称为“减值损失”。

图5－4为判定是否进行固定资产减值处理的步骤。

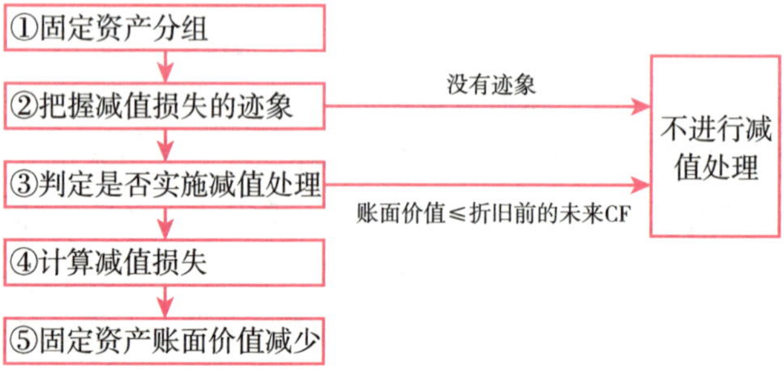

图5－4　减值处理的步骤

首先是将减值处理的固定资产进行分组（如图5－4中的①）。通常以产生现金流量的最小单位进行分组，所以餐馆和零售以店铺为单位。

其次是把握减值损失的迹象（如图5－4中的②）。店铺的营业收入或营业CF持续为负，以及预计持续亏损是判断是否存在减值迹象的标准之一。“持续亏损”是指过去2期连续为负，或上期及本期以后预计为负。

此外，在《企业会计基准适用指南》第6条——《有关固定资产减值损失的会计基准适用指南》中有这样的描述：“最好使用营业收入来把握减值损失的迹象。”计算营业收入时，除了直接费用——店铺直接支付的费用外，还需扣除企业发生的间接费用。把握减值损失的迹象的标准还有很多（如市场价格显著下降等），这里就不一一介绍了。

对于存在“迹象”的固定资产，必须判定是否需要进行减值处理（如图5－4中的③）。固定资产产生的未来CF（判断是否进行减值处理时，使用现值折旧前的未来CF）低于账面价值时，将账面价值与可回收价值的差额作为减值损失计入非常损失（=减值损失的计算。如图 5－4 中的④），将账面价值（固定资产的账面价值）减值至可回收的价值（如图 5－4中的⑤）。值得一提的是，梅之花的建筑等折旧资产的可回收金额为零，土地等非折旧资产的可回收价值为市场价值。

财务造假是如何开始的

调查报告显示，梅之花于 2009 年 9 月开始了首次财务造假。据说当时的专务 A 氏面临前一年度超过 20 亿日元的合并最终赤字，希望规避连续 2 期的巨额亏损。

出现这种情况，是由于大型并购产生的借款增加、雷曼兄弟公司倒闭冲击等经济衰退造成还款压力增大以及银行对于赤字决算的警惕性加强。

在这种情况下，当时的管理计划办公室主任 B 氏估算了 2009 年 9 月决算期存在减值损失迹象的店铺，发现存在减值迹象的店铺多于预期。

此外，由于必须与全公司的业务规划保持一致，导致所有出现减值损失迹象的店铺下一年度的利润预测都无法增加。

因此可以推测，为了规避巨额亏损，减少减值损失，B 氏按照 A 氏的意向，通过操纵总部分配给各店铺的间接费用，调整了店铺的业绩损益，减少了减值损失的店铺数量。

从调查报告中可以看出，B 氏操纵店铺的营业盈亏（操纵总部的间接费用）时，向 A 氏报告了各店铺的盈亏情况，同时表示规避减值损失十分困难，想要与会计审计师协商调整减值损失。B 氏认为得到了 A 氏的同意，于是进行了粉饰。

但是，B 氏似乎并未向 A 氏说明具体的调整方法。A 氏虽然从 B 氏那里得知了店铺陷入减值处理的困境，但他认为此次调整是在会计审计师的帮助下进行的，而 B 氏则认为自己所做的“调整”得到了A氏的同意。

减值损失能够给业绩带来巨大影响，出现这种“认知差距”无疑是件坏事。在这一案例中，A氏至少应该仔细了解B氏面临的问题，而B氏则应该坦率地将自己面临的问题告诉A氏，不该揣度A氏的意图。从这层意义上来说，双方存在沟通上的问题。

据会计审计人员提交的资料，操纵店铺业绩损益的结果导致2009年9月决算期营业亏损的店铺数量（亏损店铺数）从173家大幅减少至135家。

财务造假的延续与暴露

据调查报告称，B氏于2010年10月后被调到其他部门，该起财务造假由经营计划办公室股长C氏接管，并持续至2019年4月决算期。而接替B氏的经营计划办公室主任D氏，以及下一任E氏也都承认参与了该起财务造假。

表5-2　梅之花存在减值迹象的店铺数量变化

单位：家

（年/9月决算期）	2010	2011	2012	2013	2014	2015	2016	2017	2018	2019
粉饰后存在减值迹象的店铺	46	35	33	30	38	50	63	48	54	49
原本存在减值迹象的店铺	117	102	104	104	96	89	113	113	119	116
差异	71	67	75	74	58	39	50	65	65	67

注：2019年的决算时间为4月。

表 5 - 3　梅之花的减值损失差异

单位：百万日元

（年/9 月决算期）	2010	2011	2012	2013	2014	2015	2016	2017	2018	2019
当初的减值损失	21	3	30	29	56	2	77	515	73	168
应该追加的减值损失	413	246	64	113	44	148	256	172	45	1335
合计	434	249	94	142	100	150	333	687	118	1503

注：2019 年的决算时间为 4 月。

如表 5 - 2，梅之花通过操纵店铺的营业盈亏，调整出现减值迹象的店铺数量。从这些数据可以看出，大约一半的店铺被排除在减值目标之外。

结果导致 P/L 上非常损失中的减值损失被低估。虽然财务造假是从 2009 年 3 月开始的，但由于计算金额的资料已经废弃，只能从 2010 年 9 月决算期以后开始计算。

从表 5 - 3 中可以看出，财务造假每年规避的减值损失从数千万日元到 10 亿多日元不等。10 年间共推迟计算了 28.36 亿日元的减值损失。

这一粉饰行为是在 2019 年 4 月决算期的决算中，由会计审计人员查出的。

在梅之花出具的店铺盈亏中，多数店铺存在少量的盈利，会计审计人员对此产生了疑问。会计审计人员（审计法人的负责人）重新计算存在减值迹象的店铺数量后，发现间接费用的金额与财务会计的数据不一致，且部分本应按照间接费用分配标准计算的数据有被修改过的痕迹，因此怀疑梅之花涉嫌操纵店铺盈亏，以规避减值损失。

这样的粉饰行为几乎不可能从外部识别。因为这种粉饰行为并未篡改费用总额，而是篡改了企业分配给各店铺的费用。

梅之花付出的代价

在这起财务造假中，梅之花付出的代价如下：

①修正过去的年度决算。

②东京证券交易所要求采取公开措施并提交整改报告。

③对董事采取内部处分。

首先，梅之花必须修正2010年9月决算期至2018年9月决算期的全部决算。

其次，对于有价证券报告中的虚假信息，东京证券交易所于2019年9月发布了《关于公开措施及提交整改报告的要求》。对此，梅之花于2019年10月10日向东京证券交易所提交了整改报告。

2019年10月4日，梅之花公布了防止事故再次发生的措施。其中包括减少A氏报酬的30%（6个月），D氏辞职，减少E氏报酬的10%（3个月）等处分。

此外，梅之花的创始人兼董事长自愿返还50%以上的薪酬，创始团队的一名董事辞职，全体董事自愿返还每月薪酬的10%。

发生财务造假的原因是什么

调查报告显示，该起财务造假的主要原因有以下6点：

①董事会的监督职能下降导致难以全面管理。
②各店铺业绩低迷。
③随着业务急速扩张，各部门间、企业间的牵制功能丧失。
④实际操作中的分工和程序不明确。
⑤缺乏业务检查系统。
⑥“自我净化”能力不足，缺乏合规意识。

调查报告称，第①点是由 A 氏的影响力引起的。接替企业创始人的 A 氏发挥的强大领导力是推动企业内部改革的原动力，与之相对的是，A 氏以外的其他干部热衷于为 A 氏排忧解难，因此有人指出这是董事会监督职能下降，难以全面管理的主要原因。

其结果就是，暂时摆脱业绩低迷后，A 氏并不关心减值处理问题，对于 B 氏和 C 氏继续粉饰减值处理的行为，董事会没能发挥监督职能。

关于第②点，正如前文所述，在 2009 年 9 月决算期，雷曼兄弟公司倒闭冲击导致经济衰退，现有店铺的销售停滞不前，并购后的子公司业绩并未如期得到改善，业绩持续低迷。在这种情况下，可以推测得知 A 氏希望规避连续 2 期的亏损后，B 氏不得不选择进行粉饰。

第③点是随着并购和子公司的增加，业务量不断增大，总部的人才培养跟不上企业的需求，结果导致董事身兼数职，无法充分监督总部的业务，而部门间和企业间的牵制功能也随之丧失。

第④点是由经营计划办公室和财务室的业务分担问题引起的。该起财务造假所针对的店铺减值处理原本是财务室的工作，但财务室没有负责人能够确认经营计划办公室制订的利润计划。因此，财务室将店铺减值处理视为经营计划办公室的业务，而继任经营计划办公室主任的 E 氏并未确认这一情况。可以说责任划分不清是工作失误的主要原因。

调查报告指出，责任划分不清导致系统性的不当行为防范检查功能没有发挥作用（第⑤点），而包括减值处理在内的业务合规意识下降以及本位主义造成的企业“自我净化”能力不足（第⑥点），使得该起财务造假持续了很长一段时间。

员工非法挪用

接下来，我们来看员工非法挪用的案例。严格来讲，非法挪用不能算作财务造假，但由于私自挪用企业费用，导致企业利润被低估，其结果就是企业少报了应纳税所得额。这种非法挪用行为往往是由税务机关发现的。

在员工揣度管理者意图并进行粉饰的案例中，员工通常不是为了谋取私利，但在非法挪用的案例中，员工通常会将获得的资金用于业务或谋取私利。因此，非法挪用类似于贪污或私吞。

Totech 公司的案例

我们以 1955 年成立的空调设备销售企业 Totech 公司（在纳斯达克上市）为例，来看看员工非法挪用的情况。Totech 公司 2013 年 3 月决算期的合并销售额为 665.62 亿日元，经常利润为 22.37 亿日元，员工人数为 1028 人。

Totech 公司内部出现的非法挪用行为有：虚增、虚构采购订单，员工擅自转卖小型空调，收取非法回扣。2014 年 2 月上旬，东京国税局对 Totech 公司进行税务调查时指出：部分员工可能存在外包费用处理不当的问题。对此，Totech 公司进行了内部调查，结果发现了员工非法挪用资金的问题。

非法挪用是如何实施的

调查报告称，Totech 公司员工的不当行为可以总结为以下 4 点：

①虚增、虚构订单。
②支付没有事实依据的销售佣金。
③擅自转卖、赠送或私自使用小型空调。
④虚增订单，将资金回流至与员工有关系的企业。

员工支付虚增、虚构订单的销售佣金的目的是收取非法回扣。这些资金最初的用途是支付必要的业务招待费，但后来逐步升级成为员工的餐饮费、下班后洽谈时的餐饮费、夜班的慰问金，甚至个人就餐等娱乐费。

而令人震惊的是参与非法挪用的员工人数（如表 5－4 所示）。虽然存在重复计算的情况，但涉及的员工人数超过 100 人。可见，在 Totech 公司内部，这种不当行为早已成为一种普遍现象。

另外，员工为了在虚增的订单中获取回扣，外部协作者必不可少。事实上，调查报告显示，Totech 公司的案例中存在 50 人以上的外部协作者。

表 5－4　Totech 公司参与非法挪用的员工人数、涉案金额、外部协作者人数

	涉案员工人数/人	涉案金额/百万日元	外部协作者人数/人
虚增订单	66	826	47

（续表）

	涉案员工人数/人	涉案金额/百万日元	外部协作者人数/人
支付无事实依据的销售佣金	4	36	5
私自转卖小型空调	56	35	0
向与员工有关系的企业下单	1	11	1
合计	127	908	53

注：上述数据因人事变动等关系，存在部分重复。

Totech 公司内部的非法挪用手段多样，这里只针对参与人数较多、非法挪用金额较大、虚增订单等情况进行说明。

首先，这类非法挪用大多有利可图。虚报现场的订单费用，就是为了谋取利润。

以过高的金额向外部的协作分包商下订单，这样一来，既有实际的工作内容，也有虚构的部分。然后，由外部协作者向 Totech 公司索要货款，Totech 公司支付货款。

收到货款后，外部协作者将其中一部分交给 Totech 公司的销售人员，或汇入销售人员的银行账户。自费招待，然后以回扣的形式填补该笔费用的案例占了一大半，另外还有准备年终联欢会、新年聚会、现场庆功宴时收受回扣的案例，以及将回扣所得资金合并的案例。

Totech 公司为非法挪用付出的代价

这里重申一遍，Totech 公司的非法挪用是由东京国税局查出的。Totech 公司因虚增采购订单费用，支付虚构的销售佣金，导致应纳税所得额变小，被指隐瞒收入。

Totech 公司为此付出了以下代价：

①包括附加税在内，共计追缴税款 3 亿日元。
②修正过去的年度决算（共 5 期）。
③董事自愿返还薪酬。

首先，东京国税局指出 Totech 公司隐瞒收入，并要求其追缴税款约 3 亿日元［《日本经济新闻》（朝刊）2014 年 5 月 3 日）］。其次，Totech 公司不得不修正 2009 年 3 月决算期至 2013 年 3 月决算期的有价证券报告。

此外，非法挪用被曝光后，Totech 公司在 2014 年 4 月 24 日的新闻《关于董事自愿返还薪酬及防止此类事件再次发生的通知》中宣布，为了明确现任管理层的责任，在连续 3 个月内，2 名代理董事自愿返还薪酬的 30%，2 名常务执行董事及 2 名董事自愿返还薪酬的 20%，1 名审计人员自愿返还薪酬的 10%。

发生非法挪用的原因是什么

调查报告显示，该起非法挪用的主要原因有以下 6 点：

①企图回避预算（业务招待费）管理。
②与贸易商勾结。
③采购过程中的问题。
④管理部门缺乏制约。
⑤审计人员和内部审计工作不够充分。
⑥缺乏合规意识。

第①点的“企图回避预算（业务招待费）管理”有些难懂，其意思是“存在不经过正式申请，匀出业务招待费的动机”。非法挪用的起因是员工需要业务招待费，但难以通过企业内部的正式申请手续，因此只能自费招待。

当然，Totech 公司在一定范围内允许报销招待费。然而，调查报告指出，由于经营的基本方针是通过商品和技术的差异化来获取订单，负责结算业务招待费的管理者对于该项费用的支出十分谨慎，不愿接受部分员工的报销申请。这些条件叠加在一起，使得收受回扣充当业务招待费的行为成为一种普遍现象。

第②点的“与贸易商勾结”被认为是非法挪用的背景条件。这里重申一遍，收受回扣离不开外部人员的协助。但是，由于 Totech 公司虚增订单的行为构成欺诈罪，可以推断员工和外部协作者关系密切。

此外，第③、④、⑤点叠加在一起，即采购过程中，上司没有起到实际的监管作用；管理部门缺乏制约；审计人员难以通过书面审计发现不当行为，且内部审计办公室五六年间没有进行过突击检查，才导致非法挪用持续了很长一段时间。

在不当行为频发的时间里，员工合规意识低下（第⑥点）导致不当行为逐渐升级。

管理者参与的财务造假

为了企业？为了员工？为了自保？

最后，我们来看管理层参与财务造假的案例。管理层的不当行为和员工的不当行为一样，既有“为了保全企业”“为了规避退市风险”等以企业存续为目的的案例，也有为了谋取私利进行贪污的案例。

管理者进行财务造假的动机与员工不当行为的动机相似，但由于管理者的职责范围更广，粉饰的规模往往更大。

管理者为保护企业进行财务造假的时候，想要保护企业和员工的情绪十分强烈，有时正是因为这种强烈情绪，才让管理者参与了财务造假。另外，也有管理者为了自保参与财务造假的案例。接下来，我们来看管理者为了保护企业、员工以及自身而进行粉饰的案例。

乡铁工所的案例

我们以乡铁工所（在东证二部，名古屋证券交易所二部市场上市）为例，来看看管理者进行财务造假的案例。

乡铁工所成立于 1931 年，并于 1947 年开始从事破碎机、粉碎机等工业机械及桥梁铁架的制造与销售。

乡铁工所因破碎机、粉碎机以及桥梁铁架等主营业务停滞不前，自 2015 年 3 月决算期后积极开展太阳能等新业务。截至 2016 年 3 月决算期，乡铁工所的合并员工人数为 138 人。

图 5－5 汇总了乡铁工所的业绩变化情况（修正财务造假前）。如图 5－5 所示，乡铁工所 2010 年 3 月决算期至 2014 年 3 月决算期的销售额维持在 40 亿日元上下，但 2015 年 3 月决算期的销售额大幅上升。这应该是受到了新业务的影响。

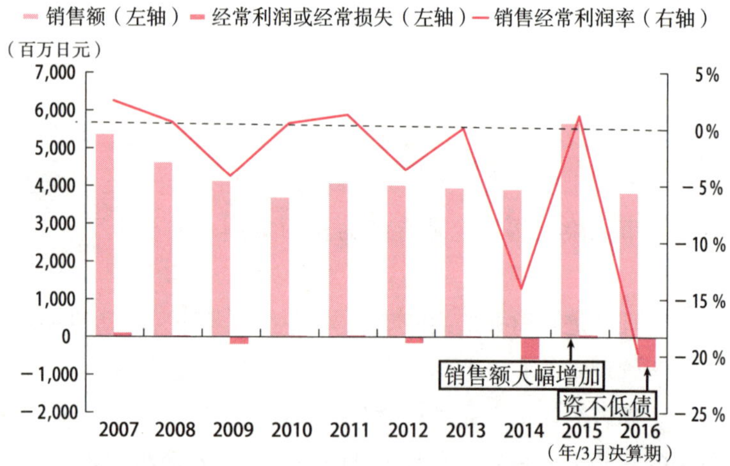

注：2014 年 3 月决算期以前为独立决算，2015 年 3 月决算期以后为合并决算。

图 5－5　乡铁工所的业绩变化情况

然而，乡铁工所在 2016 年 3 月决算期出现了巨大亏损，随后便陷入资不抵债的困境。

此外，第三方委员会于 2017 年 6 月 23 日公布了“调查报告”，又于 2017 年 8 月 8 日公布了关于追加调查的“中期报告”，但乡铁工所收到中期报告后，追加调查被终止，因此本书中的数据以前者为主。

而对于调查报告中实名记录的乡铁工所管理层，本书中均以匿名展示。

虚构太阳能业务的销售额和通过虚构采购业务筹措不正当的资金

由于主营业务不佳，乡铁工所在 2014 年 3 月决算期出现了亏损。因此，乡铁工所必须在 2015 年 3 月决算期扭亏为盈。当时的社长 A 氏决定将太阳能作为新的业务，并聘用了熟悉该业务的 B 氏。于是，乡铁工所开始为太阳能发电设施工程的新订单而奔走。

太阳能业务的基本商业流程是“订购方（太阳能发电企业）”→“乡铁工所”→“分包商和供应商”。起初，乡铁工所认为可以用订购方的预付款向供应商和分包商支付款项，手里不需要资金，然而实际需要支付的款项超过了预付款的金额，手里没有资金就不能开展业务。

因此，为了改善资金周转状况，A 氏和 B 氏让 X 企业加入乡铁工所和分包商的合作中，并将必须用现金支付给供应商和分包商的款项，以票据的形式支付给 X 企业，X 企业再以现金的形式支付给供应商和分包商，以此来弥补资金的不足。

其结果就是，乡铁工所在 2014 年 7 月至 2015 年 2 月接受了 2 项太阳能发电设备的安装订单，但此时的乡铁工所仍处于亏损状态。

然而，2015 年 3 月 31 日，乡铁工所接受了 4 项太阳能发电设备安装工程的订单，且这 4 项订单在同一天进货，计入销售额，乡铁工所也因此实现了扭亏为盈。调查报告显示，这 4 项订单的销售额全部来自 X 企业管理者开设的企业，因此全部属于虚构销售额。

除此之外，乡铁工所还虚构了 X 企业和其他企业的采购订单，并开具了支付票据。X 企业在金融机构将这些票据贴现，并扣除手续费后还给乡铁工所，或以乡铁工所的名义支付给乡铁工所的客户。乡铁工所将以这种方式“创造”的现金用于自身的资金周转。

乡铁工所为了掩人耳目，将从 X 企业回流的资金伪装成虚构销售的应收账款入账。

调查报告还指出，如果将 X 企业扣除的手续费进行利率换算，那么乡铁工所向 X 企业支付的手续费的年利率高达 50% ~150% 。

在审计人员的指责中暴露，然后自行申请破产

2016 年 8 月，审计人员怀疑乡铁工所存在粉饰行为，这才让真相公之于众。虽然内部调查委员会曾展开过调查，但未能充分查明事实，因此又成立了第三方委员会。

第三方委员会对上述 X 企业的案件，以及 2016 年 3 月乡铁工所以粉饰销售额和利润为目的的不动产虚构交易案件进行了调查（由于不动产已被查封，交易未能实现）。

然而，乡铁工所内部的粉饰行为似乎不止于此。审计人员指出：“除非彻底调查追加的案件，否则无法发表审计意见。”对此，乡铁工所成立了（新的）第三方委员会进行调查。

第三方委员会于 2017 年 8 月 8 日提交的追加调查的中期报告显示，针对 13 起呆滞债权案件和计入非常利润等疑点进行了调查。

2017 年 8 月 25 日，乡铁工所以企业资金状况为由，决定中止调查，随后又于同年 9 月 1 日第二次开出空头支票，9 月 6 日，银行停止了与该企业的交易［《日本经济新闻》（朝刊）2017 年 9 月 7 日］。

最终，乡铁工所于 2017 年 10 月 23 日在岐阜地方法院申

请破产，随即倒闭。据报道，乡铁工所最终的负债总额约为 24 亿日元（《日本经济新闻》2017 年 10 月 24 日）。

企业管理者进行财务造假的心理

最初的第三方委员会调查报告中记录了当时的社长 A 氏发给董事和相关人员的邮件内容（参见表 5－5）。

邮件①中有“即使董事们如同一盘散沙……”的记述，从中可以看出 A 氏的心情，他认为必须设法让企业生存下去。

另外，邮件②中的“相比之下，应该优先考虑企业，而不是公司法”也体现出 A 氏为了保护企业和员工，无视合规要求的想法。

而在有关成立第三方委员会的邮件（表 5－5 中的③、④）中，A 氏一边说着“对企业没有留恋”，一边又提出“真的没有转机了吗?”，从中可看出曾对企业做出巨大贡献的 A 氏想要明哲保身。

表 5－5　A 氏发送给董事和相关人士的邮件

①	发送日期：2016 年 11 月 24 日 内容：现在是非常时期！即使董事们如同一盘散沙，也必须将企业维持下去。你要明白，理论和大道理无法挽救企业。
②	发送日期：2016 年 12 月 19 日 内容：在目前的情况下，专务 C 氏难以筹措资金，拜托各位能够理解这一情况。我赞成专务 C 氏的提案。相比之下，应该优先考虑企业，而不是公司法。

（续表）

③	发送日期：2017 年 4 月 21 日 内容：今天，董事会上成立了第三方委员会。我缺席了，我觉得时候到了，我对企业已经没有任何留恋了，我一直在拼命挽救……
④	发送日期：2017 年 4 月 22 日 内容：昨天的董事会上成立了第三方委员会。对我来说，时候到了，太晚了，我对企业已经没有留恋，兢兢业业 40 年，真的没有转机了吗？

注：下画线为作者所加。

从这些邮件中就能看出染指财务造假的管理者的心理：在想要保护企业和员工的心情中夹杂着想要自保的想法。

发生财务造假的原因是什么

虽然调查报告中没有列明财务造假的原因，但“防止类似事件再次发生的提案”中有所提及。发生财务造假的原因大致分为以下 3 点：

①企业内部的风气和制度不健全引发的问题。
②管理体制方面的问题。
③合规教育方面的问题。

关于第①点——企业内部的风气和制度不健全引发的问题，如过于重视销售额、对新业务的审查过于宽松、企业内部规章制度不健全和不遵守、未设置客户交易限额、未进行信贷调查等。

除这些直接原因外，在第②点的人员管理体制方面也存在很多问题，如管理人员的资质问题以及没有内部审计办公室和内部通报制度等。另外，尽管外部董事再三要求提供太阳能业务的收支状况，但该企业有意隐瞒事实。

此外，有人指出乡铁工所没有对高管及员工进行合规教育，即第③点“合规教育方面的问题”。乡铁工所的管理层和员工不能充分理解自己的职责，虽然员工们能够分辨各类非法交易，但他们不仅没有反对，而且认为“不应该反对”。

财务造假的发生契机及代价

财务造假的发生契机

从上述案例可以看出，大多数财务造假的原因是业绩不佳。当业绩陷入低迷的时候，“必须恢复业绩”的想法是理所当然的。本章中提到的梅之花和乡铁工所都迫于业绩压力，不得不选择财务造假。另外，在被卷入虚假循环交易的东邦金属的案例中，虽然没有意识到这是不正当的交易，但后来经营管理者也承认，参与其中的原因之一就是财务赤字。

第一次参与财务造假的时候，管理者可能认为只要以后业绩恢复，就能有所挽回。但是实际上只要参与其中，为了掩盖事实，就必须进行更多的粉饰，最终陷入僵局，这也是本章案例带给我们的重要教训。

另外，严格来讲，非法挪用不属于财务造假，但在 Totech 公司的非法挪用案例中，每个员工都存在必须提高销售业绩的压力，而企业内部对于业务招待费的管理过于严格，使得非法挪用成为一种常态。

财务造假的代价

通过本章的案例，相信大家已经理解了参与财务造假就必须付出很大的代价，如修正过往年度的财务报表、公开措施和整改报告、缴纳罚款、应收账款无法收回、公司内部处理等。财务造假造成的直接代价固然很大，但更加严重的是让企业常年累积的信誉一落千丈。

对于参与财务造假的企业来说，最大也是最糟糕的代价就是破产。为了避免这种情况，绝不能插手财务造假。

为了防范和尽早发现财务造假，你必须知道的事

欺诈三角

美国犯罪研究人员唐纳德·克雷西和会计研究人员史蒂夫·阿尔布雷希特等人提出的“欺诈三角”是对组织腐败原因进行结构化分析的最著名模型。

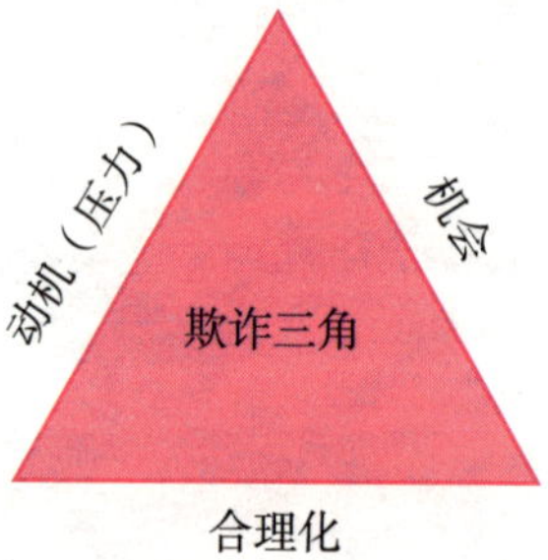

资料来源：Arbrecht（2014），由作者制作。

图 5－6　欺诈三角

如图 5－11 所示，该模型指出了欺诈的三种原因：欺诈的“动机”（压力）、使欺诈成为可能的“机会”和将欺诈“合理化”的理由。

我们在前文中看到的案例也包括了：动机（如业绩不佳，重新振兴企业时的压力）、机会（决策过程的不完善、监管不足）、合理化（为了保护企业和员工，不得不这么做）。

因此，为了防止财务造假，关键在于避免“动机”“机

会”和“合理化”的发生。尽管如此，一般情况下很难控制“动机”和“合理化”，所以防止财务造假的重点是控制“机会”。

防止不当会计行为再次发生的对策

在此前的案例中，有关财务造假等不当会计行为的调查报告的最后，都会加入一份防止类似事件再次发生的措施建议。当然，每个案例中的企业的具体情况不同，但防止类似事件再次发生的对策可以归纳为以下 4 点：

①强化企业内部的监控能力。
②改善业务和决策流程。
③灵活运用内部通报制度。
④提高合规意识。

这些防止对策是针对财务造假等不当会计行为的成因提出的，只要成功实施了这些对策，就能有效防止粉饰案件的发生。接下来，我将依次对这四种防止对策进行解说。

强化企业内部的监控能力

为了防止财务造假等不当会计行为，强化企业内部的监控（监管）能力非常重要。在讨论加强监控能力时，有两个要点。

第一个要点是“应该如何设置监控和检查项目”。这里以被卷入虚假循环交易的东邦金属为例，我们需要检查客户、合同内容，以及包括实物在内的商流。在交易开始之前，如果能够确认这些，不仅不会被卷入虚假循环交易，而且能评估客户的适当信用。

另外，在引进新业务时，不能盲目地相信个人，必须与外部专家一同就市场和业务进行调查。重点是在防止不正当行为的基础上，对实地、实物进行监控和检查。

第二个要点是“如何设定监控的主体”。监控的主体可以划分为三类：董事会的监控、审计的监控以及管理部门的监控。

董事会的重要职责之一，就是检查该公司董事和员工的执行情况。因此，包括外部董事在内的董事们需要互相检查执行情况，提高董事会的有效性。但是，在存在粉饰行为的企业里，只顾自己、不对他人发表意见、不能积极讨论的情况随处可见。另外，适当地向外部董事提供信息，让外部董事发挥监督作用也是非常重要的。

同时，必须充分发挥企业的内部审计作用。很多上市企业都会经过审计人员和审计委员会、单位内部以及会计审计人员的审计，但在财务造假的案例中，内部审计无法正常运作。在内部审计方面，经常能够看到没有设置内部审计办公室，或设置了内部审计办公室，但由于人员不足，无法发挥作用的案例。因此，必须加强这些部门的人员结构，适当地与会计审计人员合作，强化监控能力。

此外，还要充分发挥管理部门的牵制作用。在业务部门过于强大、管理部门过于薄弱的情况下，管理部门没能发挥牵制作用，很可能导致业务部门的失控。在这种情况下，为了适当地发挥牵制作用，必须强化管理部门的人员体制和职能。

改善业务和决策流程

第二个防止对策是改善业务和决策流程。首先，为了不让权限集中在特定的个人或部门，必须规划职务分配，这样做也有助于相互检查。其次，设置专门的采购部门，不要让采购权限集中在营业部门。再次，适当地设置指挥命令系统和审批流程，防止专属业务独断专权。最后，对于重要业务，可以交给多位负责人互相检查。

此外，还有一些重要的基础事项：如规定董事会的决议标准和设计、应用审批流程，以便进行适当的审议。

同时，短期内的人事轮岗制度可以有效防止企业与特定企业相互勾结，或防止财务造假等不当行为长期存在。人事轮岗可以避免员工包揽业务。

无论哪种情况，都要站在想要进行不当行为的人的角度，尽量设计能够规避不当行为的业务和决策流程。

灵活运用内部通报制度

第三个对策是灵活运用内部通报制度。KPMG 于 2019 年公布的“关于日本企业不当行为的实态调查”显示，在存在不当行为的企业中，通过“内部通报”发现不当行为的企业约占总数的 40%。

因此，有必要完善内部通报制度，尽早曝光财务造假等不正当行为。建立这样的机制，不仅可以尽早发现财务造假，而且可以发挥员工之间的牵制作用，有效防止财务造假的发生。

很多调查报告都建议企业施行“公司内部宽恕制度”，即即使存在不正当行为，也可以通过主动申报来减轻处分。这样的制度能否在日本企业中落实还是未知数，但从活用内部通报的观点来看，应该是值得考虑的。

提高合规意识

最后一个对策是提高合规意识。多数调查报告显示，为了防止财务造假的再次发生，必须强化合规意识，但这并不仅仅是指“对董事和员工进行合规培训”。

在上述很多案例中，管理者和员工都知道财务造假是坏事，但迫于业绩压力，他们最终还是选择了财务造假。

因此，在业绩压力过大的企业中，必须改变企业风气和管理者的意识。只有当“合规比提高业绩更重要”的意识根深蒂固时，才能真正提高合规意识。

会计思考笔记 5　财务造假缩短企业寿命

正如前文所述，财务造假无疑会使企业丧失信用，失去股票市场的信任。很多企业为了从金融机构或股票市场筹措资金而进行粉饰，一旦事情败露，企业就会突然丧失信用，最终因资金筹措受阻而破产。

然而，企业失去的远不止这些。表 5－6 是从本书中提到的因财务造假而濒临破产的企业的现金流量表中摘录的法人税和股息的支出金额。

从这些数据可以看出很多破产的企业都缴纳了法人税。在表中摘录的两年里，FOI 支付了 12.85 亿日元，IXI 支付了 13 亿日元，Senior Communication 支付了 3.49 亿日元，OHT 支付了 7900 万日元，乡铁工所支付了 1800 万日元。如果没有进行财务造假，这些法人税在企业出现赤字的情况下是不需要支付的。由于粉饰了利润，所以必须支付法人税。究其根源，是由于企业情况窘迫，不得不进行粉饰，所以手中的资金并不富裕。

表 5－6　进行财务造假的企业的法人税、股息及取得自有股份的支出

单位：百万日元

FOI	**2008 年 3 月决算期**	**2009 年 3 月决算期**
法人税等的支出金额	－828	－457
IXI	**2005 年 3 月决算期**	**2006 年 3 月决算期**
法人税等的支出金额	－485	－815

（续表）

IXI	2005年3月决算期	2006年3月决算期
股息的支出金额	-71	-53
取得自有股份的支出金额	-32	-
Senior Communication	**2008年3月决算期**	**2009年3月决算期**
法人税等的支出金额	-396	47
股息的支出金额	-	-26
取得自有股份的支出金额	-	-97
OHT	**2005年4月决算期**	**2006年4月决算期**
法人税等的支出金额	-35	-44
股息的支出金额	-11	-15
乡铁工所	**2015年3月决算期**	**2016年3月决算期**
法人税等的支出金额	-3	-15

注：法人税等的支出金额与退还金额相抵，支出金额为正表示退还金额大于支出金额。

对于这些企业来说，以缴纳法人税的形式让现金流出，无异于被扼住咽喉。由于篇幅的关系，这里只摘录了两期的数据，如Senior Communication公司这种长期进行粉饰的企业，所缴纳的法人税还要更多。

另外，有些企业还支付了股息。如IXI支付了1.24亿日元，Senior Communication 公司支付了 2600 万日元，OHT 支付了 2600 万日元。IXI 和 Senior Communication 还因取得自有股份，分别支付了 3200 万日元和 9700 万日元。

这些股息和取得自有股份的支出通常是以利润回报的形式返还给股东。但是，对于存在粉饰行为的企业来说，这种资金流出和法人税一样，无异于缩短了企业的寿命。

持续进行粉饰，会让管理者摸不清企业的业绩状况。以前，我在管理咨询公司工作时，一家上市企业的管理者曾因不知道哪个部门赚钱、哪个部门不赚钱而进行过咨询，并希望我提供完善的会计管理制度。这种情况在中小型企业中十分常见，但历史悠久的上市企业也会出现这样的状况，这不禁令我感到惊讶。

那家上市企业的咨询项目并未达成，但在几年后，却因粉饰行为被发现而倒闭了。虽然事到如今已经无法确认内情，但在粉饰的过程中，可能企业内部都不知道自己的真实业绩。

如果这一推测是正确的，那么该企业可能连各业务部门的盈亏都不清楚，通过粉饰虚增销售额和利润，同时彻底推迟了经营改革，缩短了企业的寿命。

粉饰行为的可怕之处在于，它会扭曲企业内部对业绩的认知，破坏管理层和员工的危机感。

第5章的总结

◎发生丑闻的企业的调查报告能够客观地汇总内部信息，是了解丑闻来龙去脉的重要资料。

◎虚假循环交易的可怕之处在于，会让企业在不知不觉中被卷入其中。

◎员工有时会“揣度”管理者的意图，进行财务造假。

◎非法挪用资金会导致利润（应纳税所得额）变小，多数情况下由税务机构发现。

◎管理者进行财务造假是为了保护企业、员工和自己。

◎为了防止不当行为，关键在于遏制发生不当行为的“机会”。

第6章

解读经营改革

——挽回并提高业绩的关键

不依靠财务造假挽回业绩的经营改革

无论什么企业都会面临经营危机

基本上，没有一帆风顺的企业。纵观企业的经营历史，无论企业的寿命有多长，都会经历蒸蒸日上的时期和岌岌可危的状况。

也就是说，任何企业都会面临经营危机，无论多么优秀的企业都无法避免。

这是为什么呢？因为企业不是由计算机或机器驱动的，而是由人经营的。既然经营企业的是人，那么就会有经营上的失误；既然构成企业的是人，就会有骄傲自满的时候。

此外，由于大环境不断变化，企业突然陷入困境也是理所当然的。

因此，人和企业都难以完美地避开经营危机。重要的是，当企业陷入危机时，你应该考虑如何度过危机。

为了避免粉饰行为，应该注意的问题

在本书提到的案例中，陷入经济危机后，进行粉饰的企业都为之付出了巨大的代价。我们可以从这些案例中看出：财务造假什么都解决不了。

那么，究竟该如何避免粉饰行为？本章中将要提到的日立制作所就是克服经济危机、成功重整经营的代表性企业；相反，东芝却因财务造假面临存亡危机。这两家企业究竟有什么不同呢?

首先，正如第 5 章所述，面对粉饰行为，一定要防患于未然，万一真的发生，则必须尽早将其扼杀。企业内部的不当行为很难避免，就像我们很难完全规避经营危机一样。而造成这一切的根本原因在于经营企业的是人，只要存在动机和机会，以及将不当行为正当化的意识，就无法完全规避不当行为。因此，关键在于尽早发现不当行为，并将其扼杀在萌芽时期，避免出现颠覆企业的重大事故。

另外，为了不依靠粉饰行为重振业绩，进行以领导层为首，推动全公司团结一致的经营改革十分重要。虽然这听起来是理所当然的事情，但只有持续努力进行经营改革，才能从本质上重振企业。

挽回业绩、实现二次成长的经营改革的关键

本章将通过日本麦当劳集团（以下称为麦当劳 HD）、日立制作所和 Food&Life 集团（以下称为 Food&Life GHD）的案例，向大家介绍不依靠粉饰，凭借经营改革重振业绩的关键。

尽管这些企业的情况各不相同，但它们都曾陷入经济危机，也都曾为了恢复业绩、实现二次成长，尝试过各种经营改革措施。究竟需要实施怎样的改革，才能不依靠粉饰重振企业经营呢?

回归企业的原点

日本麦当劳 HD 的案例

我们来看经营改革的第一个案例——经营快餐行业的日本麦当劳 HD（在纳斯达克市场上市）。1971 年，日本麦当劳开设了第一家店铺，至今已有几十年的历史。截至 2020 年 4 月底，麦当劳的直营店、特许经营店（FC）门店数量为 2906 家。

近年来，日本麦当劳 HD 因质量问题丧失了许多顾客。2014 年 7 月，一家生产鸡块的工厂被曝使用过期鸡肉。而 2015 年 1 月，麦当劳 HD 又发生了异物混入事件。至此，日本麦当劳的经营陷入了困境。

之后，日本麦当劳 HD 不但摆脱了这种困境，而且刷新了利润的历史最高纪录。那么，麦当劳 HD 究竟进行了怎样的经营改革呢?

接下来，我们将利用财务等数据和日本麦当劳 HD 实施的措施进行对比，回顾经营改革的历程。

引发史上最大赤字的质量问题

图 6 - 1 汇总了日本麦当劳 HD 的销售额、归属母公司股东的当期净利润（亏损）和销售利润率。

如图 6 - 1 所示，2015 年 12 月决算期的财报显示，麦当劳 HD 的销售额为 1894.73 亿日元，已跌破 2000 亿大关，当

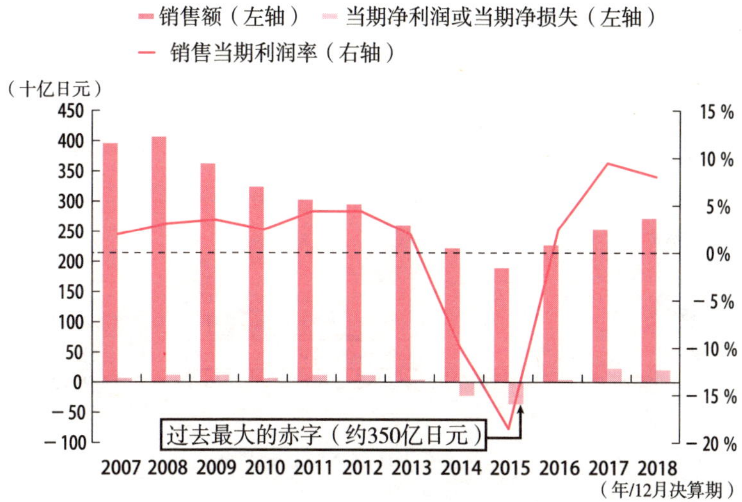

图 6－1　日本麦当劳 HD 的合并业绩变化

期净亏损为 349.51 亿日元，成为史上最大赤字。

造成业绩大幅下滑的主要原因无疑就是上文中提到的质量问题引发的顾客流失。

导致业绩下滑的其他原因

然而，导致业绩下滑的原因不止于此。图 6－2 展示了日本麦当劳 HD 现有店铺（经营 13 个月以上的店铺）的销售额同比变化情况。

从图 6－2 中可以看出，日本麦当劳 HD 的现有店铺销售额从 2012 年开始下滑。店铺老化、服务品质下降等原因，导致顾客不断流失。

日本麦当劳 HD 的副社长平篤厚雄先生曾表示：“与顾客之间的联系变淡了。”（《东洋经济周刊》2017 年 11 月 25 日）。质量问题加剧了顾客流失，这一点从 2015 年 12 月决算期的大

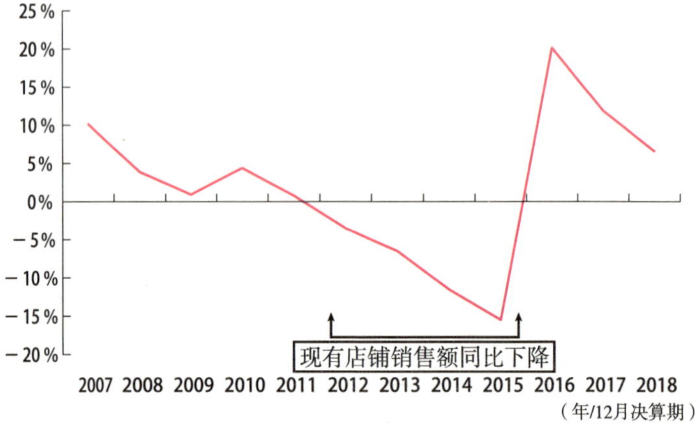

图 6-2 日本麦当劳 HD 现有店铺销售额同比变化

幅亏损中就能看出。

卡莎诺娃体制下的经营改革

质量问题曝光前的 2014 年 3 月，沙拉 · L. 卡莎诺娃就任日本麦当劳 HD 的总裁兼 CEO。卡莎诺娃上任后，日本麦当劳 HD 实施的经营改革可以概括为以下 3 点：

①店铺的改造与改革。

②提高人才质量与服务品质。

③创新型营销。

接下来，我将针对这三点进行详细说明。

店铺的改造与改革

这一时期的日本麦当劳 HD 针对店铺进行了多项改革，其中之一就是重新装修店铺。

图 6-3 展示了日本麦当劳 HD 的现金流量变化。

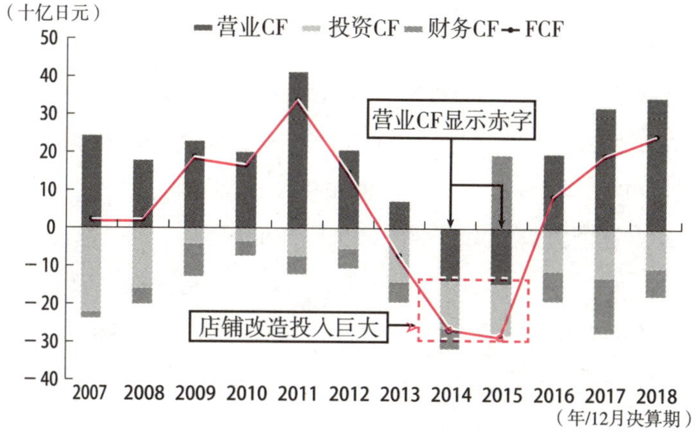

图6-3 日本麦当劳HD的合并现金流量变化

如图6-3所示，麦当劳HD在2014年和2015年营业CF出现巨额赤字的情况下，将大量资金用于投资。

从这一时期的设备投资明细来看，麦当劳HD在2014年和2015年分别投入了143.8亿日元和170亿日元用来改造现有店铺。

回顾当时，卡莎诺娃曾表示："很多店铺都显得老旧、颓废。虽然财务负担巨大，但我们仍实施了大规模的店铺改造。在日本的大约2900家店铺中，有92%的店铺都采用了全新的设计。"（《日经商务周刊》2019年5月13日）我们很清楚地看到，卡莎诺娃为了让顾客获得愉快的就餐体验，努力让店铺恢复活力。她没有因为"营业CF为负而缩减投资CF"，而是考虑"是什么导致营业CF下滑"，并为了解决这一问题（店铺老化）"积极投资，改造店铺"。正因如此，日本麦当劳HD才得以复活。

当然，这也离不开背后强大的财务体系——2013年12月决算期高达80.6%的自有资本率（资产占总资产的比例）的支撑。尽管如此，如果没有作出积极改造店铺的决策，那么日本麦当劳 HD 就不可能复活。

另外，加速关闭无利可图的店铺，并在 2012 年度将包含特许加盟店铺在内的约 3300 家门店缩减至 2018 年度的 2900 家。如图 6－2 所示，关闭无利可图的店铺也有利于在 2016 年 12 月决算期以后现有店铺的销售同比的回升。

此外，麦当劳 HD 还设置了地区总部来管理特许加盟店铺，并将全国分为东日本、中日本、西日本三个区域，建立能够快速响应顾客需求和咨询的系统。这样一来，就能根据不同地区的特征来运营店铺。下平氏曾说道："当务之急是根据各地区的环境来运营店铺，而不是建立自上而下的机制。"（《日经商务周刊》2017 年 8 月 28 日）

提高人才质量与服务品质

麦当劳 HD 在构成店铺服务的基础——员工的教育问题上也倾注了心血。麦当劳的创始人提出的理念是通过提升质量（Q）、服务（S）、环境卫生（C）来创造价值（V），但为了改进 QSC，卡莎诺娃"重新培训了当时的全部员工——约 12 万人"。（《日经商务周刊》2019 年 5 月 13 日）

其结果就是顾客满意度不断上升。2016 年 12 月决算期的决算说明会报告显示，自 2015 年第三季度到 2016 年第四季度，收集顾客评价的软件（KODO）上的顾客满意度评分无论在综合、接待还是清洁方面都保持上升趋势。

为了让来到麦当劳的顾客愉快地享受美食，员工的服务自然是重中之重。日本麦当劳 HD 的人才质量强化正是为了回到这一原点。

创新型营销

创新型营销是日本麦当劳 HD 经营改革的第三支柱。

在日本麦当劳 HD 的营销方面做出特别贡献的，是当时的营业本部长足立光。足立光曾在 P&G 和经营咨询公司等就职，并于 2015 年 5 月 10 日加入日本麦当劳 HD。

图 6－4 汇总了日本麦当劳 HD 进行的主要宣传活动和每月现有店铺的销售额同比。如图 6－4 所示，经过店铺和服务的改革，现有店铺的销售额在 2015 年下半年逐渐回暖，并在 2016 年急速上升。

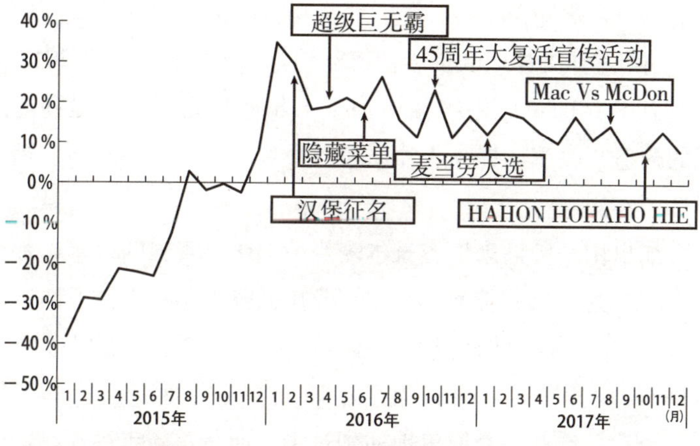

图 6－4 日本麦当劳 HD 每月现有店铺的销售额同比和主要宣传活动

由此可以推测，现有店铺的销售额在 2015 年有所下降，但连续不断的宣传活动发挥了作用。

日本麦当劳 HD 实施了许多至今都令人印象深刻的宣传活动，如“汉堡征名”“隐藏菜单”“麦当劳大选”“Mac Vs McDon”“HAHON HOHAHO HIE”（以一边吃着热腾腾的培根薯条派一边读商品名的形象而命名）等，这些活动吸引了大批顾客，让顾客们认识到店铺的改造和员工服务质量的提高，同时促进了二次进店的良性循环。

麦当劳是如何通过经营改革做出改变的

正如图 6－1 所示，通过这种经营改革，麦当劳的业绩迅速恢复。麦当劳 HD 的营业额（281 亿 8200 万日元）在 2011 年 12 月决算期达到历史最高，销售利润率为 9.3%，而 2018 年 12 月决算期的营业利润为 250.45 亿日元，销售利润率为 9.2%，虽然营业利润相差较大，但利润率已经接近历史最高水平。

这背后是单店盈利能力的提升。包括特许加盟店在内，2011 年 12 月决算期的单店销售额约为 1.6 亿日元，而 2018 年 12 月决算期的单店销售额增加至 1.8 亿日元。此前提到的店铺的改造与改革、提高人才质量与服务品质以及创新型营销均发挥了作用。

如果用一句话来形容日本麦当劳 HD 所实施的改革，那么可以称之为“回归原点”。卡莎诺娃也曾表示：“为了回应顾客‘希望麦当劳做回从前’的呼声，实施了一系列改革。”（《日经商务周刊》2019 年 5 月 13 日）

当然，这并不是简单地回到过去，而是重新审视现在的经营环境和顾客的需求，反复思考如何才能让麦当劳重新成为“令顾客感到愉快的餐厅”，同时制定相应的措施，才能回归原点。

日本麦当劳 HD 今后的课题是什么？回归原点让麦当劳的竞争力回到从前，曾经缩减的店铺数量也从 2018 年度开始转为净增。

然而，现有店铺的销售额在急速恢复后开始逐渐缓和。麦当劳想要超越原点，必须不断打磨各种要素，提升现有店铺的竞争力。2018 年 12 月决算期的日本麦当劳 HD 决算报告会的资料末尾写着这样一句话："a better McDonald' s."

能否实现这一目标，是日本麦当劳 HD 今后发展的关键。

重新定义企业的经营领域，施行“选择与集中”

日立制作所的案例

接下来，我们来看日立制作所的案例（在东证一部、名证一部上市）。该企业创立于1910年，并于1920年成为世界上屈指可数的日本代表性电器制造商。正如“技术日立”这一宣传语，日立制作所的每一代管理者都是技术出身，且以重视技术著称。而这种企业风气被称为“野武士”，即拥有在野精神，与财界保持距离，并在与海外企业和财阀企业对抗的过程中不断成长。

日立制作所因2008年的雷曼兄弟公司倒闭冲击陷入经营危机，被称为“沉默的巨舰”。那么，日立制作所是如何从危机中恢复的？我们利用财务数据，来回顾一下日立制作所经营改革的历程。

日本制造业的历史最大赤字

图6－5汇总了日立制作所的合并销售额、归属母公司的当期净利润（当期净亏损）、销售利润率的变化情况。

图6－5中最引人注目的是2009年3月决算期的巨额赤字。在当时的日本制造业中，7873亿日元的最终赤字已创下历史最高纪录（东芝在2017年3月决算期的最终赤字达到9656亿日元，刷新了这一纪录）。

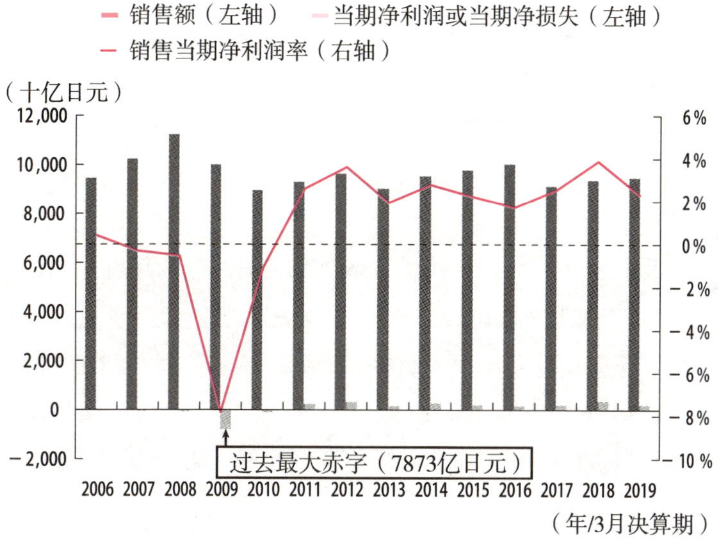

注：2014 年 3 月决算期以前为独立决算，2015 年 3 月决算期以后为合并决算。

图 6－5　日立制作所的合并业绩变化

日立制作所因这一巨额赤字而陷入了经营危机。那时，净资产比率（股东权益占总资产的比率）已经跌至 11.2%，可谓是迫在眉睫。

日立制作所经营危机的预兆

虽然 2009 年 3 月决算期的巨额赤字非常明显，但实际上，日立制作所在 2007 年 3 月决算期和 2008 年 3 月决算期都出现了赤字。

当时，雷曼兄弟公司倒闭还未发生，正是以美国为首的经济繁荣时期。事实上，松下、索尼、夏普等企业的利润都在 2008 年 3 月决算期创下了历史最高纪录。

尽管如此，日立制作所的业绩仍旧萎靡不振，这究竟是为什么呢？揭开这一谜题的答案，就在图 6－6 日立制作所的 P/L中。

图 6－6 以比例缩放图的形式揭示了日立制作所 2008 年 3 月决算期的合并 P/L。这里需要注意的是少数股东权益和当期净亏损。

我们先从少数股东权益（相当于 2016 年 3 月决算期以后“归属非控股股东的当期净利润”）说起吧。少数股东权益是指集团子公司的利润中，归属非母公司股东的利润。在计算归属母公司股东的当期净利润（当期净亏损）时，必须扣除少数股东权益。日立制作所的少数股东权益约为 1110 亿日元。

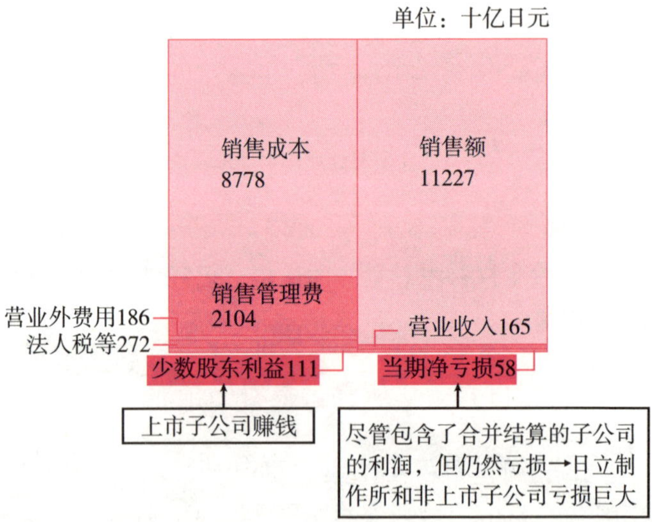

图 6－6　日立制作所合并 P/L 的比例缩放图（2008 年 3 月决算期）

当时的日立制作所因拥有被称为日立集团“御三家”的日立化成工业（之后的日立化成）、日立金属、日立电线等优质上市子公司而闻名。较大的少数股东权益也说明了这些子公司赚得盆满钵满。

尽管上市子公司的部分利润被当作少数股东权益扣除，但根据日立制作所的持股比例，日立制作所的合并当期净利润中包含了这些子公司的利润。当时的有价证券报告显示，日立制作所对于多数上市子公司的持股比例均超过 50%，因此，上市子公司的利润中，超过少数股东权益的部分应该都计入了日立制作所的合并当期净利润。

此外，关联企业获得的利润中，归属日立制作所的“按权益法核算产生的收益”为 226 亿日元。尽管如此，日立制作所的合并利润仍显示赤字，这是由于日立制作所和非上市子公司出现了巨额赤字。

对于当时的日立制作所，后来担任董事长兼社长的川村隆曾表示：“业绩好的业务掩盖了业绩不好的业务。”（《日经商务周刊》2013 年 8 月 5 日）日立制作所的不良业绩被上市子公司的优良业绩所掩盖，其结果就是对于业绩糟糕的业务，整改措施被推迟了。

日立制作所和非上市子公司的赤字难以消除，而随着雷曼兄弟公司倒闭冲击的到来，上市子公司的业绩恶化，日立制作所在 2009 年 3 月决算期的合并决算中计入了巨额赤字。

川村隆的复职与后来的改革

为了承担业绩下滑的责任，当时的董事长庄山悦彦和社长古川一夫于 2009 年 4 月辞职，并由 2007 年 6 月从日立制作所暂时辞职、担任日立麦斯维尔（Maxell）董事长等职务的川村隆担任董事长兼社长。

2010 年 4 月，即川村隆回到日立制作所担任董事长兼社长一年后，川村隆任命在美国负责重振硬盘驱动装置（HDD）子公司的中西宏明担任社长，而川村隆本人则专注于董事长一职。之后，中西宏明于2014年4月担任董事长，由曾担任日立电力欧洲公司（HPE）总裁、日立工厂技术公司（HPT）社长等职务的东原敏昭担任社长。

在此期间，日立制作所实施的改革可以总结为以下4点：

①重新设定业务范围。
②集团业务重组。
③成本结构改革（智能项目）。
④董事、执行董事的国际化。

下面，我们来了解这些改革措施的详细内容。

重新设定业务范围

川村隆就任日立制作所的董事长兼社长后，实施的第一项改革措施是：在彻底实施企业内部和子公司独立核算运营的基础上，重组集团业务（后文再谈集团业务重组）。另外，2009年12月，为了强化处于危机状态的财务结构，日立制作所通过公开发行股票和可转换债券，筹集了约3500亿日元。

但是，川村隆在后来回忆道："真正重要的是，让全体员工了解我们之后将如何生存以及企业的发展方向。"（《日经商务周刊》2013年8月5日）川村隆提出的关于日立集团范围（竞争领域）的关键词是"社会创新业务"，这包含了以集团的形式从事IT+社会基础设施业务的意愿。另外，这一关键词也意味着日立制作所要"拿下综合电机制造商的招牌"。

有一个词叫作"曲线救国"。这个词语能够体现出电机行业的产业结构特征，即上游的研发和产品关键零部件的制造业务，下游的维护、解决方案等业务往往具有较高的附加价值和盈利能力，而中游的组装业务的附加价值和盈利能力则较低。

川村隆提出“社会创新业务”这一关键词，是要将收益性较高的上游（社会基础设施业务）和下游（以 IT 为核心的解决方案）作为企业的业务核心，这就意味着，中游的业务将会从集团中剥离。基于这一关键词，日立制作所开始了下面将要提到的集团业务重组。

集团业务重组

川村隆回到日立制作所，之后中西宏明和东原敏昭先后接替社长一职。在此期间，日立制作所大胆实施了集团业务重组（Restructuring，重组、裁员）。Restructuring 一词的原意是业务重组，但也有“裁员”的意思，而日立制作所所做的是集团业务重组。

表 6－1 汇总了川村隆就任后，日历制作所的集团业务重组历程。

如表 6－1 所示，日立制作所将与集团核心业务有关的公司变更为全资子公司，或通过吸收合并的方式并入集团，将非核心业务从集团中剥离。

值得一提的是，重组过程中并未设置“禁区”。

表 6－1　日立制作所主要的集团业务重组

业务引进	
2007 年　7 月	吸收合并日立通信技术（Hitachi Communication Technologies）
2010 年　2 月	将日立情报系统、日立软件工程、日立系统与服务变更为全资子公司

（续表）

业务引进	
2010 年　4 月	将日立 Plant Technology、日立 Maxell 变更为全资子公司（2017 年 3 月，剥离日立 Maxell）
2013 年　4 月	吸收合并日立 Plant Technology
2014 年　3 月	全资控股日立医疗
2020 年　5 月	全资控股日立高科
业务剥离/重组	
2012 年　3 月	将 HDD 业务出售给 Western Digital 出售中小型显示器业务
2013 年　7 月	日立金属吸收合并日立电线
2015 年　10 月	与 Johnson Controls 的合资公司继承日立装置的空调系统业务
2016 年　5 月	出售部分日立物流股份，成为权益法适用企业
2016 年　10 月	出售部分日立资本股份，成为权益法适用企业
2017 年　3 月	出售日立工机（电动工具业务）
2018 年　6 月	出售日立国际电气半导体制造设备业务，将该公司转为权益法适用企业
2019 年　3 月	出售克拉里昂（车载信息系统业务）
2019 年　12 月	宣布将影像诊断设备业务出售给富士胶片
2020 年　4 月	将日立化成出售给昭和电工

除了赤字的硬盘（HDD）业务和中小型显示器外，被称为御三家的日立化成、日立金属和日立电线也成为重组对象。

现在，就连日立 Maxell 也被川村隆剥离在外。经过上述业务重组，日立制作所的上市子公司只剩下日立建机和日立金属。

通过集团业务的重组，日立制作所的利润发生了重大变化。如前所述，在过去，日立制作所合并 P/L 的特征是上市子公司的利润占比较大，而日立制作所本身及其子公司的利润较小。

图 6 – 7 展示了少数股东权益（ = 非控股股东的当期净利润）以及扣除少数股东权益前少数股东权益的比例变化情况。

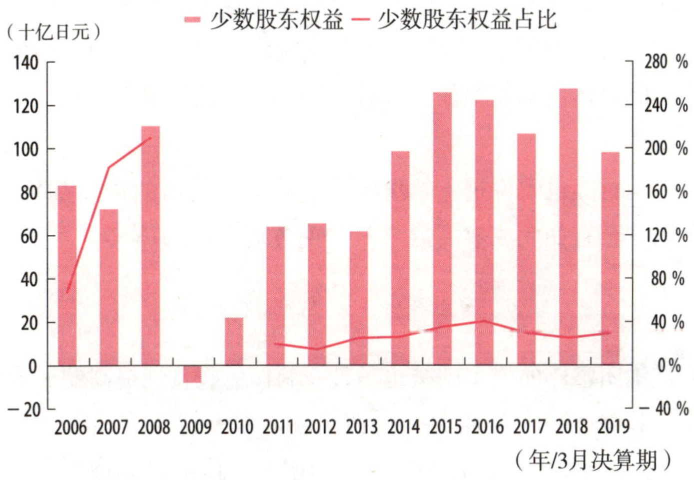

注 1：截至 2014 年 3 月决算期采用 SEC 标准，2015 年 3 月决算期后采用 DRS 标准。

注 2：由于 2009 年 3 月决算期和 2010 年 3 月决算期，扣除少数股东权益前的利润为负，无法计算少数股东权益的比例。

图 6 – 7　日立制作所的少数股东权益和扣除少数股东权益前的利润占比变化

如图 6 – 7 所示，2008 年 3 月决算期的少数股东权益比例超过了 200%，而近年来逐渐减少至 30% 上下。

尽管少数股东权益的金额呈增加趋势，但其所占的比例保持稳定，这表明日立制作所和全资子公司的盈利能力大幅增加，能够通过主营业务赚取利润，可以说过去的日立制作所又回来了。

对于业务重组，川村隆曾表示：“只是将不好的部分恢复正常而已。”（《东洋经济周刊》2013 年 2 月 2 日）

尽管如此，这种业务重组对于各部门和集团公司来说十分痛苦。之所以能够在痛苦中坚定不移地进行改革，除了集团内部对日立制作所的经营抱有危机感，还有一个原因，那就是年长的川村隆的领导力。当时的日立制作所的集团公司社长多由日立的退休前辈们担任，而对于年轻的社长，很难迫使他们参与改革。

川村隆也曾说过：“我比大多数集团公司的领导都年长，所以才会有如此成效。”（《日经商务周刊》2013 年 8 月 5 日）

成本结构改革（智能项目）

集团整体的成本削减也是日立制作所收益性提高的一大因素。其中，2011 年 4 月，中西宏明开展的“智能转换项目”（以下称为智能项目）的效果尤为明显。该项目通过生产据点的最优配置，集约、集中式采购，扩大集团供应，间接业务效率化等，强化成本竞争力，以谋求全球范围内的竞争胜利。

智能项目的成果如图 6 - 8 所示，截至 2015 年 3 月决算期，累计削减成本 3200 亿日元。

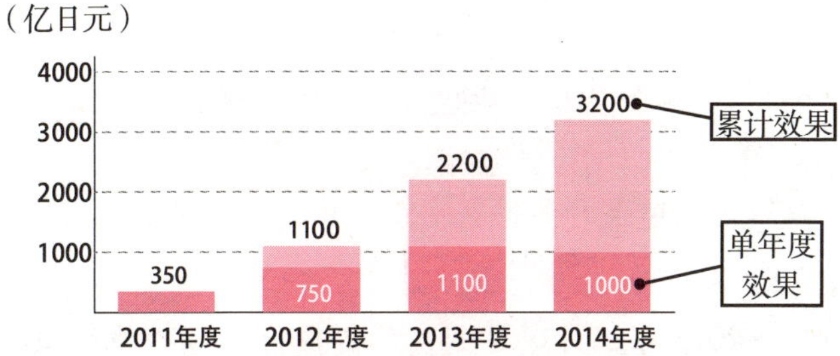

资料来源：Hitachi IR Day 2015 年演示资料，由笔者加以修正。

图6－8 智能项目的成果

董事、执行董事的国际化

经过改革，身居管理层的董事和执行董事的阵容也发生了重大变化（参见表6－2）。

2019 年 3 月决算期的 11 名董事中，有 8 名外部董事，其中半数都是外国人，他们来自 3M 和陶氏化学等企业，都是有经验的海外企业管理者。

只将这些人才纳入董事会并无任何意义，但在董事会上，这些外部董事似乎提出了相当严厉的指责。

表6－2 日立制作所的董事及执行董事的构成

		2006 年 3 月决算期	2019 年 3 月决算期
董事	董事人数合计	14	11
	其中的外部董事	4	8
	其中的外国人	0	4
执行董事	执行董事人数合计	24	39
	其中有海外管理经验的人	0	6

据报道，在报告上述智能项目的成果时，外部董事曾提出："这种做法能够让营业利润提高到什么程度?"（《钻石周刊》2014 年 7 月）

仅从这类报道来看，日立制作所非常愿意接受来自外部的意见。

此外，2016 年 3 月决算期，负责执行业务的执行董事中没有人拥有海外企业管理经验，而到了 2019 年 3 月决算期，具有海外企业管理经验的人才增加到 6 人。可以说，这些管理干部正是了解日立制作所和国际竞争企业实力差距的宝贵人才。

日立制作所的海外销售额比率从 2006 年 3 月决算期的 38.5% 增加到 2019 年 3 月决算期的 50.8%，在推进业务国际化的过程中，董事和执行董事中的国际化人才起到了很大作用。

日立制作所的未来

经过不懈努力，日立制作所的管理发生了重大变化。仅从 2018 年 3 月决算期和 2019 年 3 月决算期，营业利润连续刷新历史最高纪录来看，可以说日立制作所已经完全复活了。

那么，日立制作所今后的课题是什么？未来能否继续施行国际化成长战略是一个关键问题，而另一个关键问题在于不能陷入"内向思维"。

一般来说，经营一帆风顺，企业内部的危机感就会减弱，从而产生自满心理。另外，当企业的高层在财界拥有重要地位时，企业自身就会产生一种"特权意识"，而这会加剧企业内部骄傲自满的心理。当因此导致业绩逐渐恶化时，如果凭借"内向思维"揣度高层的想法，则很容易会产生利用财务造假掩饰业绩的行为。

事实上，东芝进行财务造假的理由是：在业绩恶化的过程中，想要展现出远超实力的业绩以及对曾有“财界总理”之称的经济团体联合会会长和副会长的东芝高层怀有保护意识。

日立制作所此前一直与财界活动保持距离，但 2018 年 5 月中西宏明开始担任日本经济团体联合会会长。即使业绩一帆风顺，企业高层在财界担任重要职务，也不能像东芝一样陷入内向思维，要持续进行经营改革，这对于日立制作所来说非常重要。

高企业资金实力，让企业再次成长

寿司郎 GHD 的案例

本章的最后一个案例是经营回转寿司的寿司郎 GHD（在东证一部上市）。寿司郎 GHD 起源于清水义雄于 1984 年创立的“株式会社寿司太郎”，在吸收合并清水义雄亲弟弟清水丰创立的同名企业“株式会社寿司太郎”后，成立“株式会社商人寿司郎”。商人寿司郎发展良好，并于 2003 年 9 月在东证二部上市。

图 6－9 汇总了商人寿司郎和寿司郎 GHD 的业绩变化情况。从图 6－9 中可以看出，商人寿司郎的销售利润率呈下降趋势，但销售额的增长趋势良好，（归属母公司股东的）当期净利润也有所增加。之后，商人寿司郎通过与基金进行 MBO（管理层收购）退出股票市场，2017 年 3 月，作为寿司郎 GHD 在东证一部重新上市。

商人寿司郎重新上市前，即 2016 年 9 月决算期的销售额为 1477.02 亿日元，而在东证二部退市前，即 2008 年 9 月决算期的销售额为 638.62 亿日元，因此，在退出股票市场的 8 年间，商人寿司郎销售额增加了 2 倍以上。

而且，重新上市后，该企业持续保持良好的增长势头，2019 年 9 月决算期的销售额为 1990.88 亿日元，已经接近 2000 亿大关。从这些数据可以看出，寿司郎 GHD 的业绩一直保持着良好的增长势头，似乎没有大问题。

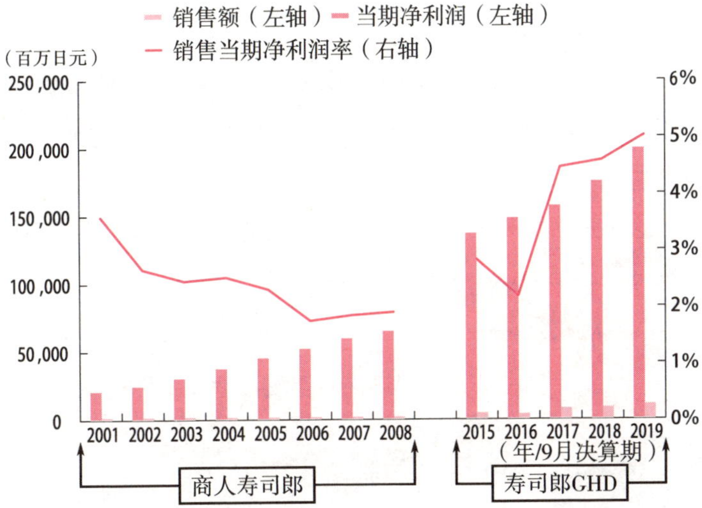

注：截至 2008 年 9 月决算期以前采用日本标准（独立决算），2015 年 9 月决算期以后采用 IFRS 标准（合并决算）。

图 6-9　商人寿司郎和寿司郎 GHD 的业绩变化情况

事实上，商人寿司郎和寿司郎 GHD 迎来重大转机，或许并不是因为业务方面的问题。

表 6-3　商人寿司郎和寿司郎 GHD 的主要大股东及持股比例

2005 年 9 月决算期	2007 年 9 月决算期	2017 年 2 月决算期	2017 年 9 月决算期	2018 年 9 月决算期
清水义雄 27.69%	株式会社泉膳 22.30%	CEIL 94.73%	CEIL 28.91%	株式会社神明 32.72%
清水丰 16.02%	清水义雄 18.61%			

注：CEIL 为 Consumer Equity Investments Limited（该公司为璞米基金的子公司）的简称。

表6－3汇总了商人寿司郎和寿司郎GHD的大股东和持股比例的变化情况。

商人寿司郎和寿司郎GHD时期，即2005年9月决算期的主要大股东是创始人清水义雄和胞弟清水丰，之后的大股东不断更迭。

这正是解读寿司郎GHD经营转机的关键。寿司郎GHD的转机可以总结为以下4点：

①泉膳的股权收购。
②与Unison Capital进行MBO（管理层收购），以及璞米基金的收购。
③作为寿司郎GHD重新上市。
④与元气寿司合并经营的兴衰。

接下来，我们来看看随着大股东的更迭，寿司郎GHD的经营是如何动荡的?

泉膳的股权收购

2007年9月决算期的股东构成中没有了清水丰的身影，经营牛肉盖浇饭连锁店“食其家（SUKIYA）”等的泉膳成为最大股东。回转寿司被认为是餐饮业中为数不多的成长型市场，为了限制这些市场，泉膳于2007年3月从清水丰手中收购了股份，并试图控制寿司郎GHD的经营权。

当时的泉膳是经营“河童寿司”——商人寿司郎的竞争对手——的Kappa Create公司的大股东，同时泉膳也在经营“滨寿司”。

面对泉膳的这种攻势，商人寿司郎的管理层感到了危机。时任社长矢三圭史反驳道：“我们不可能与河童寿司联手。对

我们来说，泉膳的提案没有具体性。”（《日经商务周刊》2007年9月24日）

与Unison Capital进行MBO（管理层收购），以及璞米基金的收购

在这种情况下，商人寿司郎发现了一个战略合作伙伴——投资基金Unison Capital。2007年8月，商人寿司郎宣布与Unison Capital建立战略联盟。此外，2008年9月，Unison Capital的下属公司AS Holdings宣布对商人寿司郎进行TOB（公开收购），2008年11月，商人寿司郎加入Unison Capital，并退出股票市场。

之后，商人寿司郎与AS Holdings合并，合并后的新企业由创立者出资20%，并保留管理层［《日本经济新闻》（朝刊）2008年9月25日］。收购本公司的管理层，被称为MBO（管理层收购），但在商人寿司郎的案例中，MBO是在与投资基金合作的基础上进行的。而关于TOB，矢三圭史表示：“只是为了扩大业务，而不是为了防止被收购。”（《日经流通新闻》2008年11月3日）但是，经过MBO，泉膳被挤出最大股东的行列也是不争的事实。

加入Unison Capital后，商人寿司郎的业绩并不尽如人意。该企业2008年9月决算期的营业利润约为29亿日元，而经过MBO，2009年9月决算期的营业利润缩减至20亿日元（《东洋经济周刊》2011年10月15日）

但在那之后，营业利润再次进入上升轨道，2012年9月决算期的销售额约为1113亿日元，营业利润约为65亿日元。

2012年9月，Unison Capital将商人寿司郎的全部股份出售给了英国的投资基金——璞米基金。从那时起，寿司郎

GHD 一直作为非上市企业，努力积聚力量，直到 2017 年 3 月重新上市。

作为寿司郎 GHD 重新上市

2015 年 2 月，水留浩一就任璞米基金旗下公司商人寿司郎——寿司郎 GHD 的前身——的社长。水留曾在管理咨询公司就职，并因其在企业再生支援机构（企业再生支援机构，即为了振兴负债累累，但拥有有效管理资源的企业而成立的官民基金）为日本航空的重建做出过贡献而广为人知。

水留就任社长后，曾在接受采访时表示："我的职责是发现企业的与众不同之处，带领企业进入新的阶段。"（《日经商务周刊》2015 年 9 月 14 日）正如水留所言，在他的领导下，寿司郎 GHD 于 2017 年 3 月在东证一部重新上市。

寿司郎 GHD 重新上市后，第一天的收盘价约为 936 亿日元。而该企业退市前的市值约为 209 亿日元。由此可以看出，寿司郎 GHD 在退市的那段时间里，企业市值涨幅巨大。

与元气寿司合并经营的兴衰

然而，随着寿司郎 GHD 的重新上市，大股东的更迭也告一段落。由于重新上市时发售了新股，璞米基金（准确地说，是其子公司 Century Equity Investments Limited，但在这里，我们仍将其称为璞米基金）的持股比例从 90% 以上跌落至 30% 以下。随后，璞米基金于 2017 年秋天将这部分股份卖给了从事谷米批发业务的神明（后来的神明控股）。

由于神明是一家母公司，持有同样从事回转寿司行业的元气寿司 40.5% 的股份，因此，寿司郎与元气寿司的业务合并。

当时，水留对合并经营做出了积极的评价："寿司郎 GHD

的经营以西日本为主，而元气寿司则以关东地区为主。今后两家企业将在国内发展得更好，店铺数量也将不断增长……（中略）……通过合并经营，可以提高食材采购的议价能力，并融合双方的技术优势，这些都是我们的竞争力。”［《日本经济新闻》（电子版）2017 年 9 月 29 日］

然而，寿司郎 GHD 和元气寿司最终未能实现合并经营。2019 年 6 月，寿司郎 GHD 和元气寿司取消了合并经营协议，神明控股宣布出售寿司郎 GHD 的大部分股份。究其原因是两家企业在国内的品牌战略不同，在海外开设门店的方式也不同。

另外，寿司郎 GHD 良好的业绩和股价似乎也是取消合并的原因之一。

如图 6－9 所示，2018 年 9 月决算期和 2019 年 9 月决算期，寿司郎 GHD 的收入和利润都在增长，业绩持续攀升。寿司郎 GHD 的业绩增长也反映在股价上，同期的东证股价指数（TOPIX）基本持稳，而寿司郎的股价却持续上涨，并在 2019 年 5 月底上涨至 7550 日元（见图 6－10）。对此，持有寿司郎 GHD 约 33% 股权的神明控股为了将寿司郎 GHD 变为子公司而增持股份，结果导致自己的财务状况恶化（《日经商务周刊》2019 年 7 月 1 日）

水留在企业重新上市后的采访中曾表示：“企业的市值达到了近 1000 亿日元，其他企业已经无法轻易收购了。”（《日经商务周刊》2017 年 4 月 17 日）由于当时的股价持续上涨，最终，寿司郎 GHD 走出了自己的发展道路。

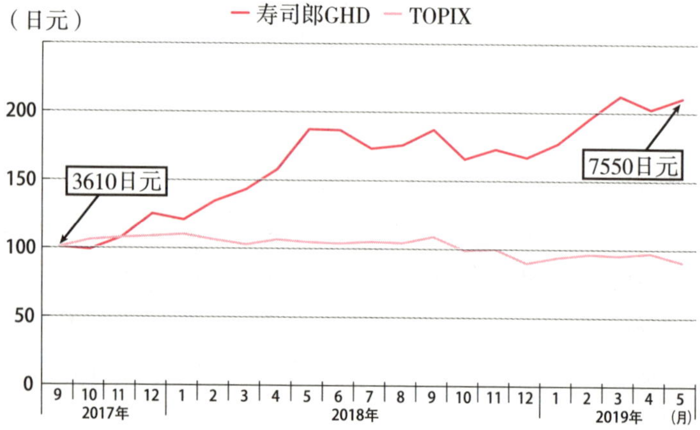

注：2017 年 9 月最后一个交易日的收盘价设为 100。

图 6－13　寿司郎 GHD 的股价和 TOPIX 的变化（月底收盘价）

非上市期间不断磨炼出的“3 个长处”

在不断更迭的大股东的意志摇摆不定的情况下，寿司郎 GHD 之所以能够走出自己的发展路线，是因为其能够不断提高业务水平，实现业绩增长。

从单店销售额来看，2008 年 9 月决算期——退市前的销售额约为 2.6 亿日元，而 2016 年 9 月决算期——重新上市前的销售额约为 3.3 亿日元（分别根据有价证券报告书估算），店铺本身的竞争力有所提升。

对于回转寿司来说，为了填补人工费和地租房租等固定成本并实现盈利，销售额和销售成本都是非常重要的指标。而为了提高销售额和缩减成本，关键在于提供高品质的美味食品，以吸引更多的顾客；同时发挥采购员的交涉能力，并减少报废损失，以实现成本控制。尽管如此，回转寿司的成本率依然很高，寿司郎 GHD 的成本率约为 50%，维持在较高水准。因此，提高单店销售额是盈利能力的关键。

寿司郎GHD认为，实现这一目标的三大优势是“采购”“店内烹饪”和“IT系统”。那么，我们来详细了解一下这三项优势。

首先，为了提供高品质的寿司，采购美味的食材非常重要。寿司郎GHD开始对鱼类精挑细选，（《日经商务周刊》2017年4月17日）充分利用企业规模采购高品质的食材。此外，还举办了“来自世界海洋的上好食材100日元计划”等活动，让顾客认识到什么才是顶级食材。

其次，是坚持在店内烹饪。虽然集中式烹饪——集中在食品加工厂进行烹饪具有降低烹饪成本的优点，但与店内烹饪相比，由于增加了鱼的解冻次数，也有降低鲜味的缺点。（《东洋经济周刊》2011年10月15日）因此，寿司郎GHD为了提供高品质的寿司，始终坚持在店内烹饪。当然，店内烹饪需要员工具备优秀的烹饪技术，为此，寿司郎GHD一直致力于培养优秀的员工，积累烹饪经验。

最后，是有效利用IT系统。寿司郎GHD在餐盘内安装了IC芯片，并对所获得的大数据进行分析，然后适时放出顾客们喜爱的寿司。这种方法不仅能够提高顾客满意度，而且能减少报废损失。此外，寿司郎GHD还利用手机软件和自助收银机为顾客提供便利，同时实现了店铺的效率化运营。

寿司郎GHD今后的课题

通过这些努力，寿司郎GHD重新上市后的业绩继续保持稳步增长。值得一提的是，2018年9月决算期和2019年9月决算期，寿司郎现有门店销售额分别同比增加104.4%和107.4%，连续两期保持增长。

那么，寿司郎 GHD 今后的课题是什么？

其中一个令人担忧的问题是寿司郎 GHD 的合并 B/S（参见图 6－11）。在寿司郎 GHD 的资产中，为了提高净资产（所有者权益）占比，计入了大量的商誉和无形资产，但这些都是由于璞米基金以高于商人寿司郎净资产（所有者权益）的价格进行收购所产生的。

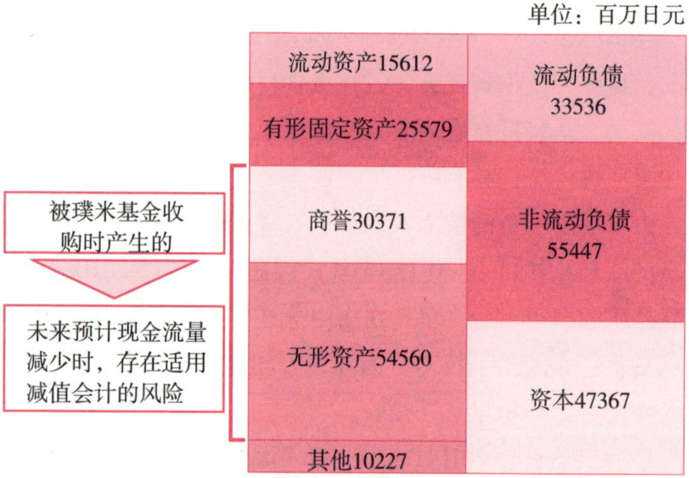

图 6－11　寿司郎 GHD 的合并 B/S 比例缩放尺图（2019 年 9 月决算期）

如果寿司郎 GHD 预计未来现金流量大幅下滑，就不得不对商誉和无形资产进行减值处理（有关减值处理，请参考第 5 章）。假设所有的商誉和无形资产均需进行减损处理，那么寿司郎 GHD 将会资不抵债。

因此，寿司郎 GHD 必须通过维持和扩大业绩来避免减值风险，并通过充实自有资本来建立能够承受减值风险的财务体系。

会计思考笔记6 经营者面临经营改革时的观点

在麦当劳和日立制作所案例中，有一个关键词是“回归原点”，其意思是去除糟粕，回归企业的本质。企业想要为顾客提供价值的理念并未改变，因此，只有让企业恢复到能够正常提供价值的状态，才能够重振业绩。

那么，接下来应该怎么做呢？水留接管了退市时期的寿司郎GHD，并让该企业的业绩恢复增长，我们就从他的所作所为中来探索管理者面对经营改革时的观点（以下内容源自笔者对水留进行的独家访谈）。

水留刚上任时，寿司郎GHD由于长期受到基金公司的严格管理，店铺运营的自由度很低，而对于店铺数据的管控也并不理想。于是，水留针对这一情况进行了整改。对于数据，水留研究了“为什么会出现这样的数据?”等问题，而对于管理，只要严格遵守QSC（优质Quality、服务Service、清洁Clean）的基本原则，其他部分就可以自由进行。关于提高管理的自由度，可谓是回到了原点，因为这原本就是寿司郎GHD的优势。

另外，在数据方面，对于店长和各店铺的营业课长，水留要求他们“自己掌控数据”。自己掌控数据，也就意味着店长们要对“为什么会出现这样的数据?”承担责任。

关于这一点，是因为水留第一次作为管理者参与重建日本航空公司（JAL）时，受到了稻盛和夫的管理方法的影响。JAL于2010年1月申请适用企业重建法后，在企业再生支援机构的支持下谋求重建，但问题之一是企业内部盛行的“预算主义”。对此，稻盛等人召开了“业绩报告会”，将该企业的行动原则从“消化预算”转变为“创造利润”，而这一做法在企业的重建过程中发挥了重要作用。该业绩报告会于每月 3 日召开，每次持续超过 8 个小时。稻盛曾在会议现场不断追问管理者："为什么会出现这样的数据?"正是由于他不断追究这一问题，才使得 JAL 的成本意识和利润意识发生了重大变化。

水留将这一方法用在了商人寿司郎——寿司郎 GHD 前身的业务运营中。具体的做法就是每月召开一次营业本部会议，并要求营业课长针对"为什么会出现这样的数据?"进行报告，并在这个过程中，根据业绩的达成情况对营业课长进行排名。让营业课长自己掌控数据，逼迫他们"不得不做"，以此促进竞争。

不过，这种"不得不做"的压力可能会演变成第 5 章提到的粉饰动机。因此，寿司郎 GHD 充分利用内部通报制度和适当的内部数据检查来防范粉饰行为，并通过教育员工"做人要正直"，从根本上预防粉饰行为的正当化。

水留管理的另一个特点是"尽量简化游戏规则"，以便在商业活动中取胜。他在寿司郎 GHD 制定的具体规则是"提高 P/L 上的数值和客户的评价"。

例如，减少寿司的厚度就能降低成本，并在短期内提高利润。但是这样做的结果会导致顾客的满意度下降，所以不可取。既然店长们不能试图通过这种简单的措施来提高利润，就必须改善采购方法，通过优化渠道商品来减少损耗，以此达成降低成本和提高客户满意度的目的。

当然，水留所做的经营改革不止如此。例如，通过引进智能手机软件，分散工作高峰期，增加客流量；将以商社为主体的采购方式改变为现场采购，提高食材的品质等。

然而，只有在“尽量简化游戏规则”这一条件下，将营业课长和店长“逼入不得不做的境地，迫使他们竞争”，水留的经营改革才能持续生效。

第 6 章的总结

◎企业陷入经营危机时，不要将宝贵的经营资源用于财务造假，而要让全公司团结在一起，努力进行经营改革。

◎日本麦当劳 HD 通过“回归原点”找回了自我，即为客户提供价值，并以此恢复了企业竞争力。

◎日立制作所将危机感当作杠杆，重新设定了企业的业务领域，果断地进行了无禁区的业务结构改革，使经营改革取得了成功。

◎寿司郎 GHD 通过不断提升自身的优势，提高了盈利能力，并通过走出自己的发展道路，成功提高了业绩。

结束语

本书的目的是让读者掌握如何利用公开的财务信息识别财务造假和黑字破产以及理解“为什么会演变成财务造假或者黑字破产”和“如何防止财务造假或黑字破产”。

存在粉饰行为的企业和存在黑字破产危机的企业的财务报表中都有“不对劲”的地方。为了避免忽视这些要点，本书介绍了分析现金流量表和周转期指标的方法。运用这些方法，就能从外部的公开信息中识别大多数财务造假和黑字破产。

此外，本书通过解读存在不当会计行为——包括财务造假在内的企业调查报告，说明了企业进行财务造假的原理以及如何针对不当行为来构建必要的防范机制。

同时，本书还通过分析经营改革的案例，介绍了恢复业绩的必要措施。企业经营困难或陷入经营危机时，不要为了财务造假而浪费宝贵的经营资源，而要从本质上尽力挽救企业。

如果本书能够减少财务造假和黑字破产——哪怕只有一例，或者让更多的企业从本质上提高企业价值，那么我将感到无上的喜悦。

本书的撰写与我迄今为止出版的拙著一样，基于我在担任管理顾问期间的经验，以及转业成为大学教师后，与各种企业管理者讨论时所得的见解。在此，我谨向所有给予我诸多支持的企业人士表示衷心的感谢。

此外，在撰写第 6 章的专栏“会计思考笔记 6”时，株式会社寿司郎环球控股的董事长兼社长 CEO 水留浩一向我提供了宝贵的访谈机会。水留浩一是我在管理咨询公司罗兰贝格（Roland Berger）工作时的上司，曾在各项工作中与我共事。面对这次突如其来的采访委托，水留浩一欣然接受，对此我深表感谢。

关于本书的内容，青木康晴（一桥大学研究生院经营管理研究科）、吉田康英（中京大学经营系）、永石信（中京大学国际系）均提出了宝贵的意见。

另外，在社会人大学院（商学院）的讲座和研讨会上与学生们的交流，为我执笔本书提供了很大帮助，我对此非常感谢。

由于篇幅的关系，我无法将执笔本书时所有给予我帮助的各位一一罗列，但对于各位给予我的帮助，我谨在此表示由衷的感谢。

最后，我想向一直支持我的家人说一声谢谢。

矢部谦介